小玩家科学馆

科学揭秘

玩出 一个小小 科学家

王维浩 编著

四川科学技术出版社

图书在版编目(CIP)数据

玩出一个小小科学家/王维浩编著. -- 成都:四川科学技术出版社, 2020.7（2023.1重印）
ISBN 978-7-5364-9879-2

Ⅰ.①玩… Ⅱ.①王… Ⅲ.①科学知识—少儿读物 Ⅳ.①Z228.1

中国版本图书馆CIP数据核字(2020)第117792号

小玩家科学馆

玩出一个小小科学家
WANCHU YIGE XIAOXIAO KEXUEJIA

编 著 者　王维浩

出 品 人	程佳月
策划编辑	肖　伊
责任编辑	郑　尧
封面设计	小月艺工坊
责任出版	欧晓春
出版发行	四川科学技术出版社
	成都市锦江区三色路238号　邮政编码：610023
	官方微博：http://weibo.com/sckjcbs
	官方微信公众号：sckjcbs
	传真：028-86361756
成品尺寸	165 mm × 230 mm
印　　张	10.75
字　　数	200千
印　　刷	天津旭丰源印刷有限公司
版　　次	2020年9月第1版
印　　次	2023年1月第2次印刷
定　　价	40.00元

ISBN 978-7-5364-9879-2

邮购：成都市锦江区三色路238号新华之星A座25楼　邮政编码：610023
电话：028-86361770　电子信箱：sckjcbs@163.com

■ 版权所有　翻印必究 ■

目 录

神秘的死亡……………001	巧烧敌船……………037
墓石移动之谜…………003	水面上的身影…………039
上帝的垂青……………005	大使馆的窃听器………041
和尚的心病……………007	战胜癌症的利器………043
突然的爆炸……………009	突然胀起的肚子………045
去上游找石兽…………011	盲人的感觉……………047
青铜像作证……………013	降落伞的孔……………049
十六匹马与大气压拔河…015	曲突徙薪的故事………051
帕斯卡的实验表演……017	哪个杯子凉得快………053
骑不动的自行车………019	头发绳的秘密…………055
孔子见巧器……………021	夜里的怪声……………057
曹冲称象………………023	失踪的化肥……………059
翻新后的收藏室………025	智擒盗贼………………061
水面"行走"之梦………027	中毒的小猫……………063
谁泄露了秘密…………029	凶手是谁………………065
宝物里的秘密…………031	房屋着火之谜…………067
热水瓶里的声音………033	丢失的金块……………069
尾灯的故事……………035	不翼而飞的酒…………071

卫生球不见了	073
绿色的天空	075
灭火绝招	077
奇怪的馒头	079
奇怪的墨水	081
神奇的"水"	083
咸鸭蛋流眼泪	085
胡同里的"鬼"	087
池塘的死鱼	089
让蜡烛燃起来	091
奇怪的布娃娃	093
水的污染	095
铁条变金条	097
隐形杀手	099
茶水变墨水	101
不灭的蜡烛	103
听话的鸡蛋	105
这下着火了	107
泡在石灰水里的柿子	109
神秘的"鬼火"	111
黑夜里的闪光灯	113
变色的眼镜	115
能吃人的链子	117
风俗中的科学	119

难扑灭的火	121
发疯的村庄	123
无形杀手	125
令人愉快的气体	127
不可思议的魔火	129
仙人降天火	131
玻尔的奖章	133
烧不坏的衣服	135
"柠檬人"的故事	137
催人泪下的烟幕弹	139
谁偷走了纽扣	141
涌向美洲的殖民者	143
鬼剃头	145
守财奴被骗了	147
残忍的暴君	149
残害鸵鸟的凶手	151
椰树下的疑案	153
一条普通的牧羊犬	155
被害的女作家	157
会跳舞的草	159
炮弹不入的"神木"	161
开着花的半支莲	163
一场婚姻悲剧	165

神秘的死亡

在 20 世纪 50 年代，曾在马来半岛的马六甲海峡上发生了一件令世人大哗的奇案：一艘名叫"乌兰·米达"号的荷兰货船在经过马六甲海峡时，遭遇了海面上的一次强风暴，风暴后船只损伤还算好，可船上的全体船员以及携带的一条狗全部死亡。

经过调查发现，这些死亡的人身上没有外伤，也没有中毒的现象，倒像是因心脏病突然发作而死亡。这是不可能的，因为船上所有的人，包括那条狗都不可能在同一时间都心脏病发作，而且这些船员在出海前身体都是好好的。

几十年过去了，侦破工作仍然没有丝毫的进展，直到最近，案件才被侦破，你知道这个凶手是谁吗？

考考不对劲

小朋友，请你朝右面看，这是两个相连的容器，它们都装着水，可是其中有点儿不对劲。你看出来了吗？请你仔细瞧瞧！

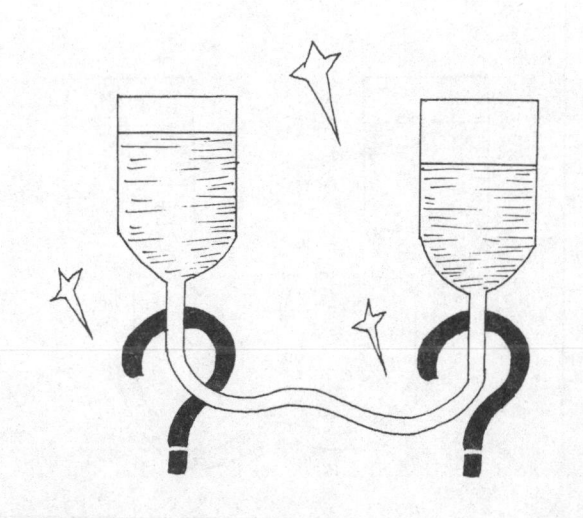

科学揭秘

凶手就是看不见，听不着的"次声波"。次声波是声波的一种，它比普通的声音振动得慢一些，每秒钟振动不到20次。因为它振动太慢，人的耳朵就听不到它了。虽然用耳朵听不到，但它对人体的危害非常大。如果有强力次声波掠过人体可能引起人体感觉失常，人会感到步履维艰，似乎有种无形的力量在强迫其旋转，这时人的眼球也会不由自主地转动。当"乌兰·米达"号驶过马六甲海峡时，海面发生了强大的风暴，强风暴产生了次声波。在外界声波的不断刺激之下，人和动物的心脏因次声波的能量而强烈地颤动起来，由此引发的心脏狂跳会使血管破裂，最后心脏停搏、血液停止流动，人和动物也因此死亡。

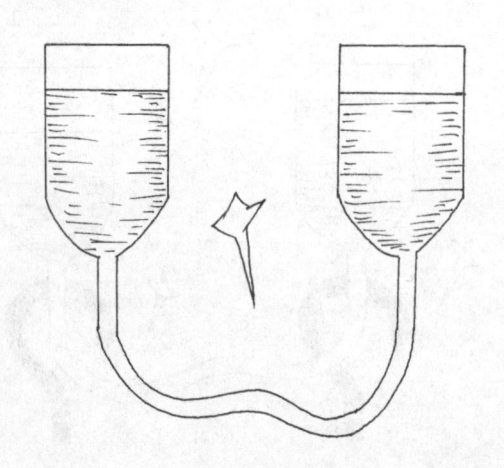

答案

容器中的水应该在同一个水平面上，因为两个容器的水平面受到的大气压是一样的。

墓石移动之谜

科学小故事

1924年，英国的侦探小说《福尔摩斯探案集》的作者柯南·道尔在英国北部旅行，一位男爵夫人告诉他说："五年前，先夫不幸去世，我为他建造了一座墓。每年一到冬天，我就到法国南部的别墅去。春天再回来，并去先夫墓地扫墓。这时，总会发现墓石有些移动。"

柯南·道尔同男爵夫人来到墓地。墓地朝南而建，四周被高高的铁栅栏围住。在沉重的四方形台石上面，有一个直径八十厘米的用大理石做成的石球。为了不使石球滑落，石台上挖了一个浅浅的坑，把石球正好嵌在坑里面。正面的十字架差不多快隐没在浅坑里了。浅坑里积有少量的水，周围长满苔藓。如果石球的移动是有人开玩笑，用杠杆来移动它，那在墓地和苔藓上总该留有一些痕迹，可又一点痕迹也没有。单凭一个人的力气是根本推不动那石球的。

"附近的人说最近几年里没发生过地震。我想，一定是亡夫在显灵。"

柯南·道尔沉思了片刻后说："夫人，石墓的移动与男爵的灵魂没有任何关系。"接着他讲出了一番道理。那么，你知道柯南·道尔是怎么解释的吗？

考考你

水会溢出来吗

小朋友，请你看右边这幅图，图中是一个装满水的杯子，水中还浮着一块冰。请问当冰融化成水之后，杯中的水会溢出来吗？

科学揭秘

原来，这个地方的冬天特别冷。由于下雨，坑里积了水，到夜晚这些水就结成了冰。白天，这坑里南面的冰因受太阳的照射，又融化成水，而北面由于没有太阳照射仍结着冰。这样北面的水结成冰，而南面的冰又融化成水，沉重的石球便渐渐出现倾斜，从而非常缓慢地向南移动。其正面的十字架，必然也会渐渐地被隐埋起来。这就是男爵的墓石之所以移动的原因。

答案

水不会溢出来。因为相同质量的水和冰相比，水的体积要小于冰的体积；而漂在水上的冰所排出的水的重量，正好等于冰本身的重量。也就是这块冰是与被冰排出同质量的水结成的。所以当冰融化成水后，杯中的水不会溢出来。

上帝的垂青

科学小故事

死海,那是西亚一个非常有名的地方。

在很古老的时代,国家与国家之间经常发生战争。战争失败后被抓住的俘虏,身强力壮的就留下来做奴隶,身体差的就全部被处死。

在一次战争之后,战胜国抓了许多的俘虏,这时一位将军就命令把决定要处死的俘虏全部扔到死海里淹死。

令人吃惊的事情发生了,那些被扔进死海里的俘虏,总是浮在海面上,就是不沉入海里。这位将军很生气,命令将这些俘虏都绑上大石头,然后再往海里扔。但是结果让所有的人都没有想到,那些俘虏仍然浮在海面上,没有被淹死。

那位将军认为这是上帝不让俘虏死,心想如果坚持处死俘虏的话,上帝一定会惩罚自己,所以就决定放了他们。

难道这真是上帝的垂青吗?如果不是,那这又是怎么一回事呢?你知道吗?

考考你

硬币的去向

在盛有水的玻璃杯上放一张扑克牌,扑克牌上放一枚硬币,用手指迅速有力地横向弹走扑克牌,那么请你判断硬币会往哪儿去?

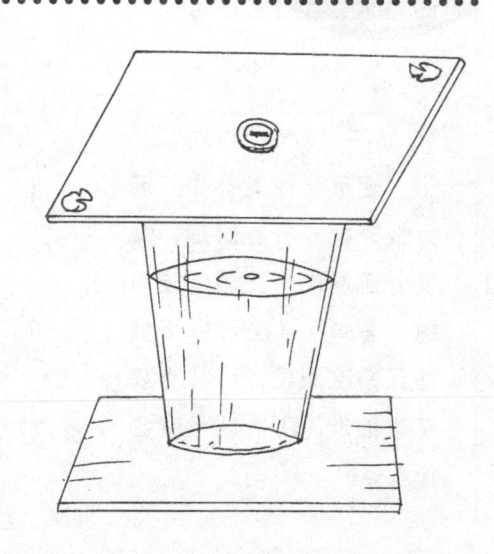

科学揭秘

当然，这根本不是什么上帝的垂青。许多年过去以后，人们才知道，那是因为死海里的盐分含量非常大，所以死海的密度很大，浮力也就大得惊人。人被扔进去后，总是浮在海面上，不会沉入海里，即使被绑上石头也不会沉下去，所以也不会被淹死了。

答案

硬币会掉入杯中。因为快速抽走扑克牌后，摩擦力还没来得及影响硬币的"去向"，硬币由于惯性保持在原位，而扑克牌又被抽走，所以硬币就会掉入杯中。

和尚的心病

古时候，洛阳有个和尚买了一个磬（qìng，佛教的打击乐器，形状像钵，用铜制成）放在房间里。自从这个磬放在房间以后，经常无缘无故地发出"嗡嗡"的声音。这件奇怪的事情在寺庙里渐渐传开了，寺里的和尚都认为这是鬼在作怪。他们想了许多办法要把这"鬼"驱走，但都没有成功。

这时，买磬的和尚也被吓出了病。有一天，他的一位朋友来探望他，这个人是个乐师。乐师拿起磬敲了敲，左看看，右看看，折腾了好长时间也没搞清楚是什么原因，最后只好无奈起身告辞。这时，寺里的大钟响了，那个磬也跟着"嗡嗡"地响起来。乐师看了看磬，紧皱的眉头舒展开来。他笑着说："你不用担心，明天我来把'鬼'赶走。"

第二天，乐师果真来了，他从怀中取出一把锉刀，在磬的不同地方狠狠地锉了几下。自从被锉过以后，那个磬再也没有发出"嗡嗡"的声音了。

寺里的和尚都来问那乐师，想知道这是怎么回事。小朋友，你能说出这是怎么回事吗？

防洪水坝

右图是三个防洪水坝建造示意图，你知道其中哪个水坝最为坚固吗？为什么？

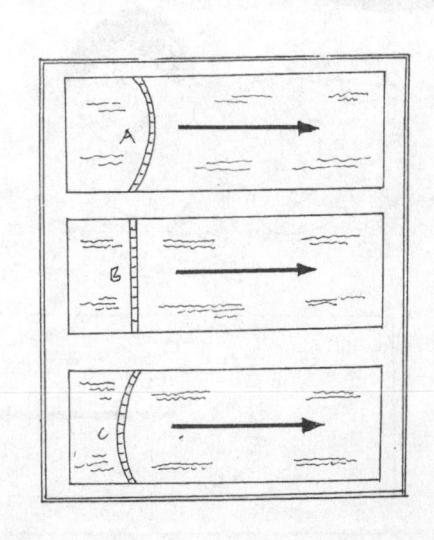

科学揭秘

乐师告诉大家，那是因为寺里大钟的频率和磬的频率一样，产生了共振。把磬锉了以后，它与大钟的频率就不同了，也就不会随便地响了。

答案

C坝最为坚固。因为它把力分散到了两岸上。

突然的爆炸

刘然是北京的一个大货车司机。有一天，他接到一桩生意，需要他去新疆运木材来北京。他十分乐意地接了这笔生意，心想：跑完新疆一趟，就带儿子去欢乐谷玩玩，好久都没有陪自己的孩子了。

在通往新疆的高速公路上，刘然驾着自己的货车急驶，公路两旁的景物向后急速晃去。突然间一声巨响，从车后面的槽厢里喷出一个火球，这火球随即点燃了油箱。刘然知道不妙，立刻推开车门，就在他刚刚跳出驾驶室的一瞬间，一声巨响，货车报废了，刘然也受了重伤。

家人闻信赶来，都十分悲痛，货车对于他们全家而言是维持生活的工具。警察赶来处理交通事故，刘然的妻子十分不解地问交警："我们家刘然没有超速，也没有违章行驶，为什么会出现这种情况呢？"

交警回答说："造成这一不幸事故的原因，要从一塑料桶汽油说起，因为爆炸是从那里开始的。"

小朋友，你知道交警为什么会这样说吗？

最牢固的门

这座房子有四扇门，用了A、B、C、D四种不同的方法加固。请问，哪一扇门的加固方法最牢。

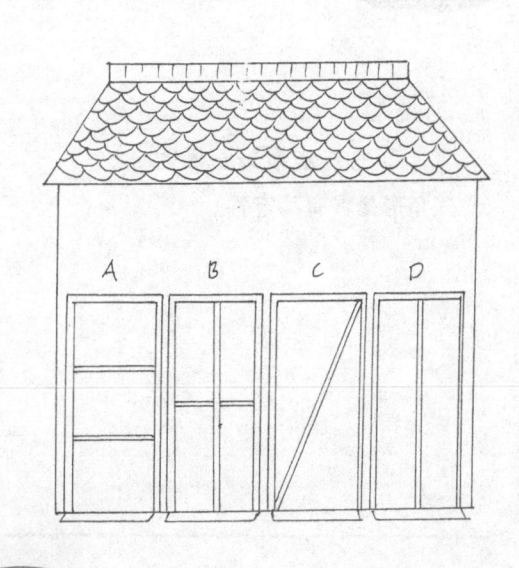

原来，为了长途行车方便，司机用塑料桶装了一桶汽油放在车后面。行驶过程中，桶里的汽油在不断地晃动中和塑料桶壁摩擦、撞击，由于汽油和塑料桶都是电的不良导体，导致二者摩擦产生的电荷越积越多。塑料桶壁和汽油之间开始放电，产生火花，就像打了一个小的闪电。就是这个小小的火花，点燃了汽油桶上面由汽油蒸气与空气混合而成的气体，引起了爆炸。

答案

C的方法最好。因为三角形最具有稳定性。

科学小故事

去上游找石兽

这个故事发生在清朝。在天津府的沧州南面，有一条大沙河，在沙河的对岸有个寺庙，因寺庙修建时间太久远，又没有维修，导致寺庙的大门突然倒塌，连同大门两旁的两个石兽一同落入河中，并沉入河底。

十几年后，庙里的和尚募集到足够的钱财开始重修寺庙，可当他们下河去打捞那两个石兽时，却怎么也找不到。他们想，可能是被河水冲到下游去了。于是又划着船，拖着铁耙，沿河向下寻找。划呀划，转眼之间就划了十几里，但仍没有石兽的踪影，他们想，石兽真的会被冲到那么远的地方吗？

当时有位老先生在庙里讲学，他听到寻石兽的事后，笑话这些和尚说："你们怎么这么不懂事物的道理呢？石兽有几百斤重。哪能像木片、树枝那样被水冲走呢？你们为何不想想，石兽那么重，河沙又那么细，容易流动，石兽必定会沉入河沙的深处。"

老先生言之有理，众僧叹服，准备放弃继续向下游寻找的念头，改在寺庙附近的河床挖沙，寻找石兽。可恰在此时，有个看守河堤的老河工却说："凡在沙河中丢失的石头，必须到上游去找才能找到。"并说出了一番道理。众僧半信半疑，不过此法比在水下挖沙容易得多，他们还是决定一试。于是他们划船去上游寻找，没划出几里地，果然找到了石兽。那么，你知道这是什么原理吗？

考考你

石灰与沙子

这架天平上一边是生石灰，一边是沙子，现在它们保持着平衡，那么请问，这架天平能长期保持平衡吗？

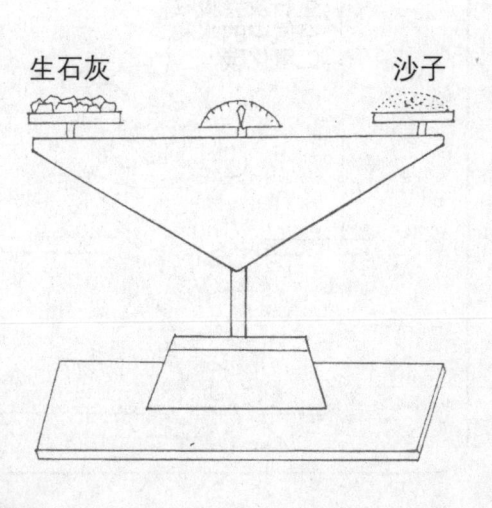

科学揭秘

我们知道，石头又坚实又沉重，而河沙又细又轻，容易流动。所以，水冲不动石兽，而能冲走沙子。当水流冲到石兽上，便被石兽挡住，这部分水流会被反弹回来，形成漩涡，这漩涡又会将石兽下面的沙冲成个沙坑。水不断地流，漩涡就不断地将沙坑越冲越深，越冲越大。

等石兽下面的沙被冲走一半后，石兽就会因为得不到支撑而倒向坑里。水流继续冲击，继续形成涡流，石兽就会继续逆流水方向倒进坑里，这样，越滚越向上游方向移动。所以要向上游去找石兽。

答案

生石灰会吸收空气中的水和二氧化碳

不能，因为生石灰会在空气中不断地吸收水和二氧化碳使本身质量增加，这最终会使天平失去平衡。

青铜像作证

亨利和约翰是同事。

一天，两人竟然扭打着到了警察局。亨利向警官诉说："昨晚家里所有的灯都熄了之后，我突然听到扭打声。于是，我跳下床去看个究竟，正撞上一个人从我妻子房里跑出来，蹿下楼梯去了。我跟在他后面猛追，当那人跑到后门走廊时，我借着门口灯光认出他是约翰。他大约跑出100米远，扔掉了一件什么东西。那东西在乱石上碰撞几下之后滚进深沟，在黑暗中撞击出一串火花。我当时没有追上约翰，回到住所一看，妻子被钝器击中死在了床上。"

警方在亨利说的地点找到了一尊森林女神妮芙的青铜像，铜像底部沾的血迹和头发是亨利太太的，而且在青铜像上取到一个清晰的指纹，是约翰的。

约翰说："指纹，可能是前几天我在他家观赏铜像时留下的。"

警官沉思片刻，肯定地说："亨利是在诬陷约翰。"那么，你知道警官的依据是什么吗？

磁铁棒

A、B是两根外形完全一样的铁棒，其中一根是磁铁棒。请你不用其他任何东西，鉴别出哪一根是磁铁棒？

亨利声称约翰逃跑时扔掉的那件东西，在乱石坡上撞击了几下之后滚下深沟，还在黑暗中划出一串火花。后来证实那件东西是一尊女神妮芙的青铜像，并被认为是凶器。亨利描述的情况是不可能的，因为青铜是一种抗摩擦的金属材料，古时候它被广泛用于制造大炮，青铜在石头上是不会撞击出火花的。

答案

当两根铁棒组成T字形时，若两棒互相吸引，则竖着的一根为磁铁棒。

十六匹马与大气压拔河

科学小故事

在17世纪时,有人决定在德国马德堡广场做一个实验,人们都闻信赶来观看这有趣的实验。

实验者准备了两个空心的铜半球,将两个铜半球合在一起,抽去里面的空气。然后两边都套上四匹马,让八匹马同时向两边用力地拉。人们看到实验者竟然用八匹马去拉两个铜半球,都觉得十分可笑。

怪事出现了:不管这八匹马怎么用力拉,两个铜半球都紧紧地贴在一起。于是实验者将两边的马匹数量增加。最后,实验者用了十六匹强壮的马向两边使劲地拉,才将两个铜半球拉开。

人们十分不解,纷纷询问实验者这是为什么?那么,你知道实验者是怎样向人们解释的吗?

考考你

温度表

A和B是两支温度计,你知道哪一支是寒暑表,哪一支是体温表吗?

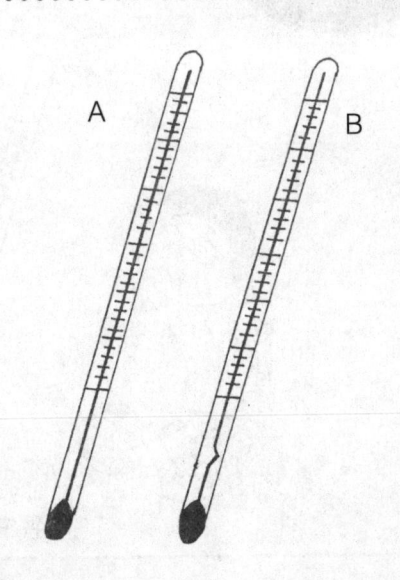

科学揭秘

　　实验者是这样解释的，他说："在地球的周围有着厚厚的大气，大气有大得惊人的气压。我们平时没有感觉到大气压的存在，是因为人的体内也有压力，正好和大气压抵消了。当铜半球里的空气被抽空以后，要拉开两个半球，就等于是和大气压拔河了。"同学们，你们想一想，用十六匹马才能拔得过大气压，大气压是多么强大啊！

答案

A是寒暑表，B是体温表。体温表前端玻璃泡附近有一狭窄部，需用手拿住后端用力甩（注意，不要损坏体温表），体温表里的水银柱才能退回到玻璃泡一端。

狭窄部

帕斯卡的实验表演

1648年一天，帕斯卡进行了一次公开实验表演。

他拿来一个定做的大木桶，仔细检查了木桶的密闭性。确认没有问题后，他在大木桶桶盖的塞子上开了一个小孔，并装入一根13米长的细管子，然后，他向大家点了点头，示意一切已准备就绪。他打开桶的上盖，将水灌在木桶中，并将盖盖好。

帕斯卡说："我之所以要做这样一个实验，就是想验证一下我提出的液体静力学基本关系式和这个关系式推导出的一个定律的正确性。"

过了一会儿，帕斯卡让人站在高处将木桶桶盖上那个被装上细管子的塞子塞紧，长长的细管直立着冲向空中。这时，帕斯卡站在高处手提一壶水，走到细管前对在场的人说道："现在，我把水注入这根细管子里，请大家密切注意观察木桶的变化。"

帕斯卡将壶里的水倒入管中，看着水顺着管子一点一点注入木桶中，突然，"啪"的一声巨响，木桶破了，在场的人看到这个情景都惊呆了。

"我成功啦！"帕斯卡将脸仰向天空，高兴地喊了一声。随后，帕斯卡笑着对大家解释。那么，你知道帕斯卡是怎样解释这一现象的吗？

空心球

右图平衡杆上吊着三个同样大小的球，但其中一个是空心的，你能判断出它是哪一个球吗？

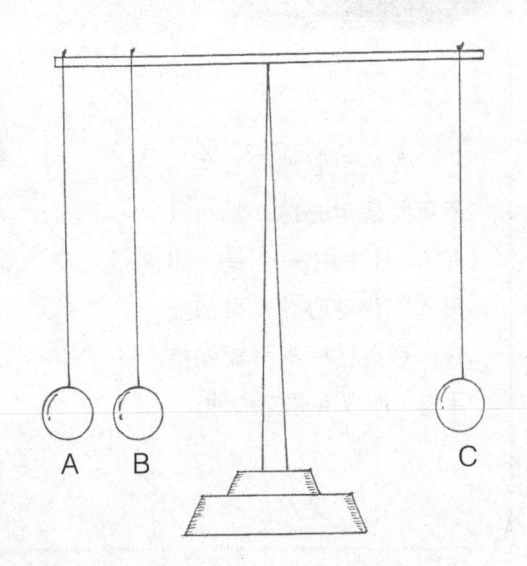

帕斯卡解释说："木桶之所以会破裂，那是因为注入管内的水对木桶塞子下面的水面施加了一个压强，这个压强通过水向木桶内壁的各个方向传递，而木桶内壁某一点上压强的大小等于该点到管内水面之间单位截面水柱的重量。由于压强向流体各个方向传递，所以，如果将两个截面相差较大的容器相通，在小截面施加一个很小的压力，大截面上就会产生一个很大的推力。这就像我们往管子里注入水，在管子的小截面上施加一个很小的压力，木桶壁这一大截面上就会受到一个很大的力，由于这个压力过大，所以木桶就破裂了。"

答案

A是空心球。首先C不可能是空心球，那么只有A、B中的一个是。如果A不是空心球，再加上B，那么杠杆不可能保持平衡，所以A是空心球。

骑不动的自行车

科学小故事

这是一个星期天，小强与小明相约到海边去玩，可小明出门时一定要带上自己心爱的自行车，小强拿他没辙。

到了海边，小明骑上自行车，想在这海边来一个冲刺，但无论小明怎么使劲，自行车在沙滩上就是骑不动。

这时小强走了过来，微笑着对小明说："让你别带自行车来，你偏要带。凡是骑自行车的人都知道，自行车在沙滩上是寸步难行的，不管你用多大力气，轮子就是转不起来。为什么转不起来，这是因为自行车轮子的小边陷进了沙子里。"

"为什么轮子陷进沙子里就转动不起来呢？"小明有些不服。

"问得好！"小强一笑说，"那么我给你讲一讲这其中的道理吧！"小朋友，你明白这其中的道理吗？

考考你

跳动的锡纸

用毛衣在硬塑料唱片上摩擦若干次，然后把唱片放在干燥的玻璃杯子上。再把几个锡纸做的小球放在上面。试问，这些锡纸小球会自动跳开吗？

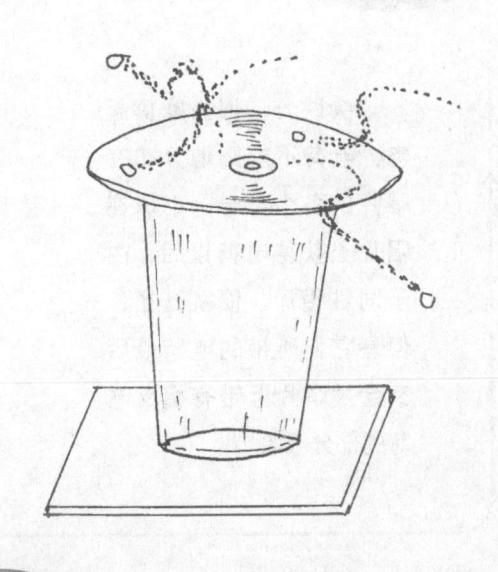

科学揭秘

自行车在沙子里转不动，是因为沙子用摩擦力拽住了轮子。自行车陷进了沙堆，在车轮和沙子之间会产生很大的摩擦力，正是这个摩擦力拽住了车轮子。

答案

会跳开。因为摩擦起电，电荷不规则地分布在唱片的各个部分，小球在唱片上获得电荷以后，由于同性相斥，便跳开了，但是它们所带的电荷最后又会被唱片上带有相反电荷的部分吸收。

孔子见巧器

科学小故事

相传，孔子和他的弟子南宫警叔曾到周都洛阳向老子学习周礼。一日他们来到太庙，这是帝王祭祖的地方，摆着各种祭器、文物，孔子发现庙里陈列着一个不认识的半躺着的奇形怪状的欹（qī）器（斜的容器），不明白其用途，就向守庙人询问。守庙人告诉孔子这是君王用来防止骄傲的器具。孔子到底是个学问渊博的人，尽管他没见过欹器，可是听说过，而且知道它的作用和意义。

这时，孔子要他的学生取来一瓢清水倒入壶中。神奇的是这种器物在空着的时候是倾斜歪倒的；在里面盛上一半的水后，它就正立；盛满时，又翻倒。

孔子对学生说："这其实是告诫君王，肚子空虚，是立不起来的；而自满了，是站不住的。这正是'虚则欹，中则正，满则覆'啊！"

这是一则让人回味无穷的故事，不过你知道这欹器中的科学道理吗？

考考你

凉快的房子

这儿有两座小房，一座屋顶是平面，另一座屋顶是三角形。请问，在夏天里这两种屋顶哪一种住着凉快一些？

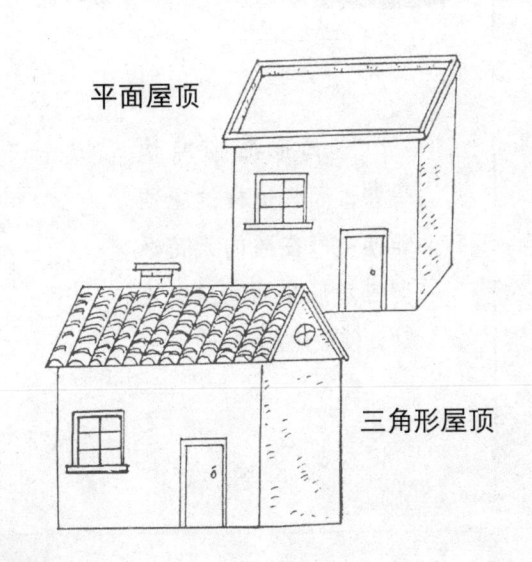

平面屋顶

三角形屋顶

其实这种欹器的重心在腰上一点,所以空时它会斜倒在桌上。当水加到一半时,它的重心会降到腰以下,使它能自己扶正。当水盛得过满时,它的重心就会升到比空瓶时的重心更高的位置,所以欹器里的水又会倒出。

答案

三角形屋顶凉快一些,因为这样的屋顶能使空气在屋内天花板至三角形屋顶间自由流动,使散热加快。

曹冲称象

科学小故事

这是一件发生在一千七百多年前的东汉末年的事。

曹操自封丞相以后,地处南方的孙权送给曹操一头大象,曹操非常高兴,与此同时,他很想知道大象的重量,于是他就问部下。结果,大臣们不是说造一杆大秤,就是说把大象宰杀成许多块再上秤称。众臣的提议没有一个让曹操满意的。

曹操有个小儿子叫曹冲,自小就聪明过人。五六岁时,他待人处事,就像成年人一样成熟。这时,小小的曹冲在父亲身旁说道:"将大象领到一条大船上,记下水面在船帮上的位置,把象领走,再把石头、铁块装到船上,直到大船下沉到装大象时沉到的位置。称出这些石头、铁块的重量,加在一起,不就知道大象的重量了吗?"

众臣听完,无一不拍手称赞,曹操也命人按这种思路称象。你能说出曹冲称象都含了哪些方面的科学道理吗?

考考你

黑球方向

右图中所有的弧线都是固定的,请你推断一下,黑球朝箭头所指的方向滚下后,最终会落在什么地方?

科学揭秘

曹冲称象的科学道理，可以从四个方面去说。一是等量代换。就是用能直接称量的石头、铁块替代不能直接称量的大象。作为一种普遍的方法，等量代换在数学上、精密测量上有着广泛的应用。二是化整为零。就是把不能直接称量的很大的重量化为许多能直接称量的较小的重量。它的反面就是聚零为整。通过测出一本书的厚度而测算出一页纸的厚度，就属于这类方法。三是力的平衡。当大象站在船上时，船受到的水的浮力是向上的，大象和船所受的重力方向是向下的。在船静止时，这两个相反方向的力，大小必定相等，否则船不是上浮就是下沉，不会平衡。四是浮力定律。大象上船后，船吃水加深占据了水里更多的位置，或者说船排开了更多的水。船因为站上了大象受到水的浮力更多，这浮力就等于它多排开水的重量。这其中的道理，也包含着等量代换：船替换了那些被船排开的水。船所受的浮力一定等于被排开的水原来所受的浮力。那些被排开的水原来在水中是静止的，可知它所受的浮力和它自身的重量相等。通过等量代换推知，船所受的浮力等于它排开的水的重量。船装石头、铁块时所受的浮力，也是这个道理。

答案

A处。小球会滚过去又滚回来，最后停留在A处。因为在第一个圆弧末端，小球已到达最高点了，所以在重力的吸引下，它会最终回落到A处，并停止运动。

翻新后的收藏室

科学小故事

信田君是一个古代文物收藏家，在他家的收藏室里有不少的精品。最近他从朋友那儿听到一则消息，说女盗香妹正在四处物色各收藏家的收藏品。为防万一，他决定翻修自己的收藏室。这间收藏室是专门收藏珍品的耐火仓库。他委托附近的装修店换了最新式的门锁，换气窗的铁栏杆也重新更换了。

然而，这一切全都是枉费心机。几天后，女盗香妹溜进了他的收藏室，将3幅浮士德珍品盗走。她是从换气窗打碎玻璃拨开插销进屋的。即使可以打碎玻璃，拨开窗户插销，但窗户外还有最近刚刚更换的又粗又结实的铁栏杆，并且信田君在事后没有发现铁栏杆有任何折断或割断后又用速干胶粘上去的痕迹，而且铁栏杆之间的缝隙只有10厘米，人是无法钻过去的。

那么，女盗香妹究竟是用什么手段从换气窗钻进室内的呢？

考考你

谁重一些

右图中这两个铁球刚好达到平衡，那么，你知道哪个球更重一些吗？动动你的小脑瓜吧！

科学揭秘

铁栏杆是用特殊合金材料制成的。

新更换的换气窗铁栏杆，其中的两三根是用形状记忆合金材料制成的。

所谓形状记忆合金，其特性在于：当温度恢复到初始温度时，其形状也会恢复到初始的形态，就像有记忆一般。这种奇怪的合金被广泛地用于火灾报警器、恒温箱、妇女乳罩、眼镜架、玩具及医疗器械等日常生活用品之中，尤其是双向记忆合金可以分别记忆高温和低温时的原状。

当信田君委托装修店更换换气窗的铁栏杆时，香妹收买了装修店的修理工，在更换栏杆时用了两三根双向记忆合金。因此，当香妹去行窃时用打火机烤那几根记忆合金，栏杆就会恢复到之前预设好的"人"字形弯曲状，从而加大了间隔宽度，便于香妹行窃。

答案

B球重一些。当支点两边一轻一重时，轻的那边必须离支点远一些，这样才能保持杠杆两端平衡，所以B球更重些。

水面"行走"之梦

科学小故事

1922年6月29日，美国人塞缪尔森踩着自制的滑水板轻快地掠过湖面，实现了人类在水面"行走"的梦想。40年后，滑水运动在世界上流行起来。

塞缪尔森是在滑雪运动中产生滑水的想法。他试用过各种型号的滑雪板在水面上滑行，都失败了。最后他发现，滑水板应该比滑雪板做得更宽一些，于是他用松木板制成了一个8英尺长9英寸宽（约2.44米长，0.23米宽）的滑水板，这次他终于成功了，实现了他在水面"行走"的愿望。

后来，塞缪尔森又萌生了一个念头，让自己在一架时速为80英里（1英里≈1.61千米）的飞机拖动下，在水面上"行走"得更快些。然而，这次他彻底失败了，并在这次表演中丧失了性命。

为了纪念这位勇敢者，佩平湖畔竖立着他的一座纪念碑。

不过，你想过没有，为什么塞缪尔森能在水上滑行呢？

考考你

食盐水

在甲乙杯中各滴上一滴墨水，你能根据杯中变化的情况，指出哪一杯是清水？哪一杯是饱和食盐水吗？

科学揭秘

当游艇拖曳着滑水运动员时,运动员的身体向后倾斜,利用脚下的滑水板向前蹬水,向水面施加了一个斜向下的力,从而使自身得到一个斜向上的反作用力,这个力一方面使运动员不下沉,另一方面又阻碍运动员前进。在游艇的拖曳下,拖曳力克服了阻力,使得滑水运动员能站在水面不仅不下沉,还能高速前进。滑水看起来有些困难,实际上并不危险。塞缪尔森有一次滑水不慎脱落了一只滑水板,但他随后就发现其实一只脚也照样能滑。

答案

甲是饱和食盐。因为蓝墨水比饱和盐水轻,能浮在液面不下沉。蓝墨水比清水要重,在清水中会下沉。小朋友,请你试一试。

谁泄露了秘密

科学小故事

在意大利的西西里岛上,有一个石窟,人们给它起了一个非常奇怪的名字,叫作"杰尼西尼耳朵"。人们只要站在石窟入口处的某个地方,就能听到窟底很远处的声音,就连很微弱的声音,甚至人的呼吸声都能听到。

在古代的传说中,暴君杰尼西尼就把囚犯都关在这里,犯人在洞里的任何说话,杰尼西尼都知道。人们很奇怪,杰尼西尼是怎么知道洞里犯人谈话的内容的呢?难道说犯人中有告密者?这个告密者是谁?人们一直没有揭开这个秘密。后来,随着时代进步,人们才终于明白告密者是谁了。小朋友,你明白吗?

考考你

燃着的煤油灯

这是一盏燃着的煤油灯。如果像右图这样对着煤油灯吹气,你认为煤油灯还会冒黑烟吗?

科学揭秘

其实并没有什么告密者，这是因声音聚焦形成的现象。一个凹面镜可以把阳光汇聚到一个点上，声音也可以用一个类似凹面镜的东西汇聚在一起。在科技馆里，有相距十几米远且彼此相对的两个大凹面镜，在一面镜子的前面小声说话，站在另一面镜子前的人就可以清楚地听到那面镜子前说话的声音。这个石窟就起到了一个"凹面镜"的作用，正是它将犯人们说的话汇聚到洞口，让杰尼西尼听见的。

答案

不会。煤油燃烧冒黑烟是因为燃烧不充分，如果得到充足的氧气和空气，媒油就会完全燃烧，不会再冒黑烟。

宝物里的秘密

科学小故事

古代有个财主，家中有个世代相传的宝物，这个宝物的样子像一个铜制的圆筒，圆筒上顶着一个盖子，盖子上盘着一条龙，盖子和筒口之间有一段距离，他们能向筒里放东西，但看不到筒底，因为盖子挡住了视线。

听说在筒底刻着字，谁能看见那些字，就知道祖先留下的财宝在哪里。不过这只是祖辈传下来的一个故事，谁也没有真的相信，更不想弄坏这个传家宝来证实这个莫须有的传说。

当这个传家宝到了第十二代时，有个人在好奇心的驱使下想揭开这个谜底。在他的研究下，终于在没有损坏宝物的情况下看到了筒底祖先刻下的字。

那么，你知道他是怎样看到筒底字的吗？

考考你

奇怪的现象

右图中是一个电扇和一架飞机，不过这两样东西让人瞧着有些别扭，你能瞧出图中有什么地方不对劲吗？

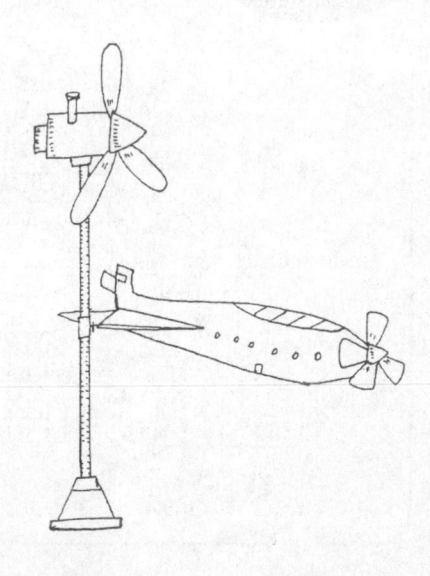

科学揭秘

原来,这个人无意中把水倒进了筒里,发现筒底好像升高了,透过圆筒和盖子的缝隙可以看到筒底的文字,这些文字是:"宝藏在知识里。"

当光线从空气射向水的时候,折射光线靠近法线(和分界面垂直的线);当光从水中射向空气的时候,光线远离法线。筒底的文字反射的光在从水里射向空气的时候,由于折射向筒边偏了一些,所以才能穿过盖子和筒边的空隙,使这位好奇的主人看到了它。

答案

电风扇的叶片应装在飞机上,而飞机的叶片应装在电风扇上。

热水瓶里的声音

科学小故事

丽丽在家里是个勤劳的孩子，烧水、洗碗等家务活都会干。

平日里，她烧好水，灌热水瓶的时候，总因为热气腾腾，很难看清水瓶是否灌满，但她基本能听得出来，水是不是灌满了。

刚一开始热水瓶是空的，水撞击瓶底发出低沉的"咚咚"声，随着水位的升高，声音变得尖细起来，因此，丽丽通过听声音的变化，就可以准确地知道热水瓶是不是灌满了。

这是为什么呢？丽丽说不出其中的道理。那么，你能说出其中的道理来吗？

考考你

两块玻璃

把两块玻璃擦干净，然后滴上水，再把两块玻璃重合着叠在一起。这时你能再轻松地把两块玻璃分开吗？

科学揭秘

空气虽然看不见摸不着，但空气是我们这个世界中声音的主要传播者。当水灌进热水瓶时，扰动了空气，使空气振动，随着水位的增加，水面上方的空气柱变短，所以使传出的声音音调变高。

答案

不能。滴有水滴的两片玻璃可以紧密贴合，使得两片玻璃间的大气压非常小，而外压大气压压着玻璃片使其很难分开。

尾灯的故事

对于自行车尾灯，我们并不陌生，人人都见过，不过关于这尾灯，还有一段小故事。

20世纪30年代，自行车在英国风行一时。英国是一个多雾的国家，自行车的出现给交通安全带来了很大的隐患，因此，英国政府为了解决这个问题，悬赏征集建议。

解决问题的方案就是我们现在使用的尾灯。

自行车尾灯看起来是一片塑料，其实它的构造很巧妙。当汽车灯光照向自行车尾灯时，自行车的尾灯能强烈地发亮，引起司机的注意。你也许认为那与镜子的作用相同，其实不然。要想看见镜面反射的光，入射光线必须垂直于镜面，观察的人也必须正对着镜面；若光从侧方照射时，由于光反射向另一侧，观察者就看不到反射光。

那么，我们为什么能不必正对尾灯也看得见尾灯反射的光呢？

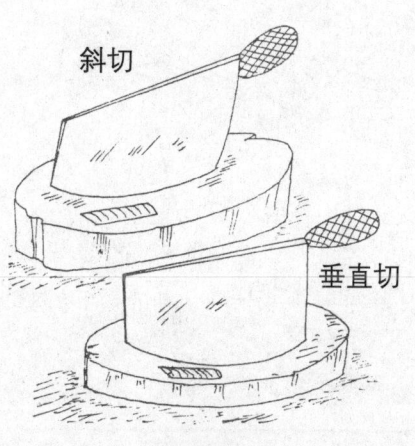

哪种方法省力

在左图中有两种切菜的方法，请问哪一种方法更省力？

斜切

垂直切

科学揭秘

我们知道，如果光线不沿垂直镜面的方向入射，镜面反射光也就不沿原路返回，而会射向另外一个方向。若想让各方向射向镜面的光都能沿同方向反射的话该怎么办呢？这并不难办，只要把三面相互垂直的镜面装在一起，就像一个箱子的一角一样，问题就解决了。这种装置叫"角反射器"。三面镜子组成的角反射器有三条公共的棱边，相当于三个偶镜，因此光线无论从什么角度射到它上面，都会沿着入射的方向反射回来。仔细观察尾灯的红色塑料片，上面有很多凸起的部分，这些都是一个个角反射器。汽车的前灯照在它上面的时候，就能把光按原来方向反射回去。其实公路上的"猫眼"也是一些简易的角反射器。

答案

还是这种方法省力

斜切省力。

巧烧敌船

科学小故事

这是一个大家都十分熟悉的故事。

阿基米德是古希腊的一位伟大的科学家，他发现了浮力定律和杠杆原理。他不仅是一位物理学家，还是一个爱国者。

一年，邻国罗马的侵略军从海上进攻阿基米德的国家，敌人强大的海军眼看就要踏上他的国家的领土了，在这危急关头，阿基米德急中生智，他让全城的妇女们把自己的镜子拿出来，全站在斜拉古城堡上，利用镜子将太阳光一齐反射到一条敌人的战船上。不一会儿，奇迹出现了，聚集的阳光把敌船点燃了，敌船最终被烧毁了。利用这一办法，在这一战中古希腊人成功地打败了敌人。

这个传说一直为人们津津乐道，流传了一千多年，但是历史学家认为，这根本是不可能的事。争论一直在继续。那么，当时阿基米德用镜子烧毁敌船的可能性存不存在呢？

考考你

雨 滴

你见过下雨吗？当然见过。这里有一个小问题想问问大家，平时我们总爱将雨滴画成小水滴般的椭圆形，实际上，雨滴是什么形状的呢？

科学揭秘

有人做过实验，用360块小镜子足以将70米远的木柴引燃，那么，假设当时太阳很毒，青铜镜制作精良，阿基米德调动几千名妇女上城墙，每人手持青铜镜一齐照射几十米远的一条敌船——当时是木船，是有可能将船烧着的。

实际上，古希腊时代所用的青铜镜既沉重，反光还差，况且还有人说，要把1千米远的大帆船点燃，需要1 000面直径为10米的大镜子才行，以此计算，阿基米德需要动用上百万名妇女站在城墙上去。那时哪有上百万妇女的城市啊，由此得出结论，认为该传说是凭空捏造的。

由于年代久远，传说已无法考证。现在只能说，这个传说存有一定的可能性。

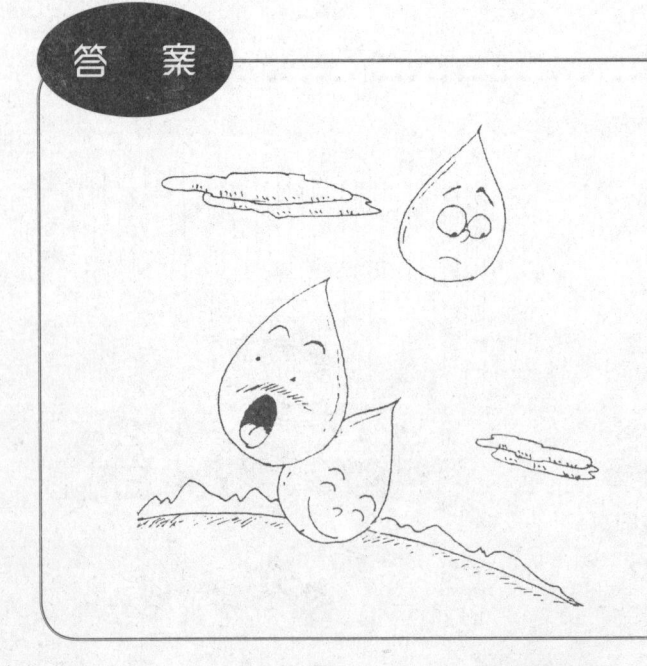

答案

是圆形的。实际上雨滴是球形的，只是在往下运动中，由于张力作用，才变成了椭圆形的。

水面上的身影

这天,有一个人跑进警察局说,他要报案。警长问他什么事,他说道:"昨天,我在池塘钓鱼,一个刺客偷偷从背后过来,想要用匕首刺我。正在这时,我从池塘的水面上看到了那个家伙的身影,便迅速挥起鱼竿朝后抢去,正好鱼钩勾住了那家伙的脸,那家伙号叫着逃走了。"

警长听完这人的话,想了一想,突然大笑道:"这种事你也瞎编得出来!"

那么,你知道警长为什么说这人在说谎吗?他的依据是什么呢?

考考你

燃烧的蜡烛

蜡烛是平衡的,如果两边同时燃烧,那么燃烧的蜡烛是两端上下摆动直至燃完,还是两端保持平衡直至燃烧完呢?

科学揭秘

报案人说，刺客从背后过来时，他从水面上看到了刺客的身影。这是在撒谎。池塘的水面是水平的，在垂钓者的下面。池塘边的人能看到映在水面上的只能是自己前方的人和景物。只要不是用倾斜的镜子，是映不出身后的人影的。

答案

因为蜡烛两边的火势不同，所以蜡烛会左右摇摆着燃烧。

科学小故事

大使馆的窃听器

有这样一件事,有个美国驻某国大使馆里的工作人员时常感到身体不舒服,经过医院的检查也始终找不出任何病因。他们想,也许是水土不服吧!于是美国政府做出决定,让这个大使馆的工作人员轮流定期回国休养。

有一次,国内派来了一位电子专家对使馆内的电子设备进行例行检查。他偶然间发现有一束微波每天定时照射这个大使馆,大使馆的工作人员身体不适正是由于受到过量的微波照射才产生的。

原来,大使馆会议大厅墙上的一个木雕雄鹰是微波照射的目标。鹰是美国的象征,这是大使馆所在国家为了表示友好送给美国大使馆的,送来后就一直挂在这个会议大厅里。

电子专家拆开木雕才发现,里面有个极小的窃听器,因为窃听者没有机会给它更换电源,这个窃听器没有电源,实际上也不可能装电源,它的能量全是由一束微波送来的。当微波束照射这个木雕像时,窃听器便开始工作,并且把大厅中的声音由一束微波送回去。电子专家不由得感叹这种设计的巧妙。

那么,我们知道微波的作用又有多大呢?

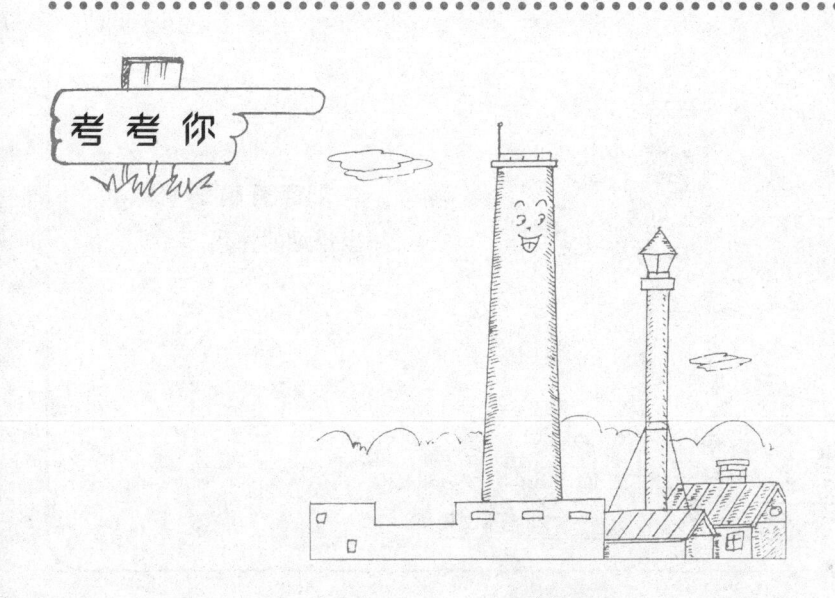

考考你

烟囱的作用

小朋友,或许你见过许多的烟囱,但是你知道为什么要建烟囱吗?它们的作用是什么呢?

自从人们发现微波能传送能量之后，有人就大胆地设想：如果把这个技术用到空中飞行的飞机上，飞机就可以从地面射来的微波束中得到能量。1987年9月，这个梦想得以实现：第一架无人驾驶的微波飞机在加拿大渥太华郊外的上空悠然自得地盘旋，它的能量来自飞机肚子下面的圆盘天线，一个像电话亭大小的发电机组把电力通过微波送上天空，飞机收到微波后，再转化成电力驱动螺旋桨。未来的微波飞机可以不着陆地环球飞行，部分代替卫星的工作，不过要每隔一两百公里设一个微波传送站。

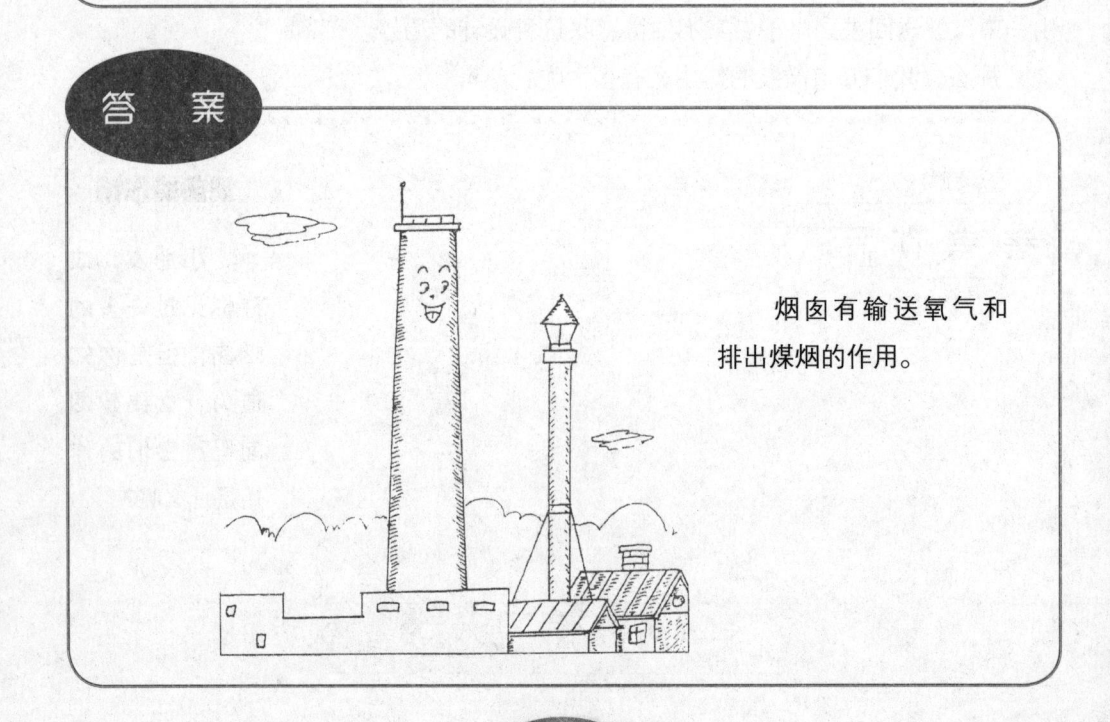

答案

烟囱有输送氧气和排出煤烟的作用。

战胜癌症的利器

科学小故事

克尼是位工人，平时身体很结实，却在一次体检中查出他患了癌症。命运好像和他开了个玩笑，他是家里的顶梁柱，他倒下了，全家人该怎么办？

紧接着，他的病情加重了，一直高烧不退，绝望的家人都为他准备后事了。可几天几夜过去了，克尼竟又奇迹般地活过来了，并且癌细胞完全消失了。这件怪事引起了医学界的重视，经过研究发现：癌细胞比一般的正常细胞对热更敏感。高烧杀死了癌细胞，这就是高烧后在癌症病人克尼身上发生的奇迹。

不过温度的控制是十分重要的，不然就会损坏正常的细胞。1975年，德国科学家佩蒂克大胆地采用了一种全身麻醉加热的方法。他把麻醉后的病人放到50摄氏度的石蜡液体中，同时让他吸入高温气体，使体内达到41.5~41.8摄氏度，据说治愈了很多肿瘤病人。

既然高温能杀死癌细胞，那么微波能加热，它又能不能起到杀死癌细胞的作用呢？

考考你

两瓶汽水

这儿有两瓶汽水，你认为哪一瓶更凉一些呢？

科学揭秘

经过研究发现，有的癌细胞要用更高的温度才能杀死。例如：用热杀死脑癌温度阀值是43.5摄氏度，但是人体不能长期处于这样的高温下，应该有一种局部加热的办法才行。科学家想到微波加热的原理，但是把整个人放在微波下烧烤，是非常有害的。后来人们想到，把微波辐射器做得很细小，再将其送到有肿瘤的部位，这就是先进的微波辐射器介入治疗法。对于肝癌的病人，医生先用超声仪器判断肿瘤的位置，精确地引导探针穿刺到病变的部位，再植入微波辐射器，利用微波产生的热量消灭肿瘤细胞。细小的微波辐射器还可以从口腔中送到食道里，这种微波辐射器可以把食道中的癌细胞杀死，使堵塞的食道畅通。对于前列腺肿大也可以类似方法治疗。还可以把极小的微波辐射器送到血管里烧去血管壁上的多余物质，使血管内壁变得光滑和富有弹性。

答案

B瓶更凉一些。因为冷汽水要吸热，所以瓶外有凝聚水珠的现象。

突然胀起的肚子

科学小故事

1842年，世界上第一条过江隧道诞生了。

这条过江隧道长达459米，从英国泰晤士河河底穿过，对于两岸的交通起到了很大的促进作用。

隧道通车的时候，在隧道里举行了小型的宴会。建筑者们用香槟酒互相庆贺这一隧道的通车，但当人们打开酒瓶盖的时候，酒瓶里冒出的泡沫不像往常一样往上喷，酒喝在嘴里也不够味。宴会结束时，喝了大量香槟酒的人们从隧道里走到地面时，突然感到肚子不舒服，喝进去的酒在肚子里像翻江倒海一样，外衣马上被肚子撑圆了，肚子里的气好像要从耳朵眼里钻出来似的。

人们不知道这是怎么回事，不过一些聪明的人马上意识到这是肚子里的香槟酒发作了，赶快跑回隧道深处，让肚子里的气体平息下来。

过了一段时间，人们才从隧道深处回到地面，平安地回到家里。不过他们非常疑惑，不明白这是怎么回事。小朋友，你们明白这是怎么回事吗？

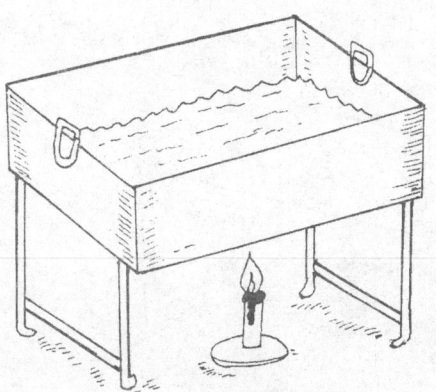

考考你

纸锅烧水

请你想一想，这个纸做的锅能把水烧热吗？为什么？

科学揭秘

香槟酒中溶有大量的二氧化碳，二氧化碳在常温常压下是一种无色无味的气体，它不是很情愿地待在水里，在制造汽水或香槟时，人们必须对二氧化碳加上很大的压力，因为压力越大，溶在水里的二氧化碳气体越多，然后盖紧汽水瓶盖，二氧化碳气体就被牢牢地关在里面了。打开瓶盖，二氧化碳气体会争先恐后地冲出来。

在地面上打开瓶塞和在地下隧道中打开瓶塞情况不同，因为地底下的大气压要比地面上的高一些，从香槟酒里跑出的二氧化碳气体要少一些，也就是说留在肚子里的二氧化碳要多一些。待人们走到地面上时，由于压力减小，二氧化碳气体会从肚子里的酒中争着往外跑，自然把肚子撑得滚圆，使人非常难受。当人们立即返回到地底下，气压重新增大，二氧化碳气体就不再继续往外跑，人就能够忍受了。这时最好的方法是极缓慢地从地底下走上来，好让二氧化碳气体逐渐排出去。

答案

能。因为水在烧热的过程中，火苗的热量被水吸收了，纸做的锅始终没有达到纸的燃点。

盲人的感觉

科学小故事

有位聪明的盲人，想买一个腌菜的坛子。他来到一个卖坛子的摊前，这儿有两种坛子，白坛子和黑坛子，大小都一样，只是黑坛子要十元钱一个，而白坛子要二十元钱一个。

"你给我挑个白色的吧！"盲人说。

卖坛人拿了一个白坛子，刚要给他，忽然灵机一动，随手换了一个黑坛子递过去，他想见识见识这位盲人的真本事。

盲人接过坛子里里外外摸了一遍，然后他又摸了摸地上的几只坛子，生气地说："这是个黑坛子！你竟然是个骗子！"

"请先生不要生气，"卖坛子的人忙解释道，"我不是存心骗你，大家都夸赞先生聪明，我只是想见识一下你的本事。真不知道你是如何分辨黑白的？"

"你想知道吗？"

"当然。"

"好！我说给你听听！"

小朋友，你们猜猜这位盲人是如何分辨这坛子的黑白的呢？

考考你

玻璃看字

把玻璃片洗净擦干，滴一滴水在上面，再用它去看字，请你想一想，它能把字放大吗？

科学揭秘

盲人告诉卖坛子的："我靠手的感觉判断的。你的这些坛子让太阳一晒，都变暖和了。可是，黑色吸热多，白色吸热少，所以黑坛子就比白坛子更暖和些。我摸了几个坛子，就很容易分辨出哪个是黑的，哪个是白的了。"

答案

能。把水滴在玻璃片上，水的表面张力会使水缩成球状，形成一个"水凸透镜"，它和玻璃凸透镜一样，对物体有放大作用。

降落伞的孔

科学小故事

毛毛和豆豆听说体育场有跳伞表演，他俩特别高兴，因为他们是跳伞运动的爱好者。这一天，他们看得眼花缭乱，有半球状的伞从天而降，仿若飞仙；有高空踩伞，一个踩一个……在蓝天白云的衬托下，这些色彩绚丽的伞面就像开放在天空中鲜艳的大花朵，个个都让人赏心悦目。

回来的路上，毛毛忽然说："我有个问题不明白，为什么有的降落伞在伞面的正中央有个孔呢？"

"你看得真仔细，我还没有注意呢，我想这个孔是为了减少阻力的吧。"豆豆说。

"减少阻力吗？降落伞不就是利用它的阻力吗？"毛毛说。

"是呀！降落伞下降时，对空气来说，相当于伞不动而气流向上冲，气流碰到伞面就被挡住了，这时它对伞面有一个向上的推力，可以使伞减速下落，保证了跳伞员着陆的安全。既然降落伞是利用空气的阻力，为什么又要开孔呢？"豆豆也感到困惑了。

那么，你知道为什么降落伞要在伞面中央开孔吗？

考考你

让花变色

用剪刀把一朵白花的茎剪出一个斜斜的切口，插在一个有水的玻璃杯中，再在水里滴入红色素。第二天，这花就能变红吗？

科学揭秘

降落伞在下落的时候遇上气流,气流向上时,正中间的部分被伞阻挡,周围的部分沿着伞的周围向外跑到伞上面去了。伞顶不是流线型的,这些气流不能顺畅地过去,必定在伞边出现漩涡,人们叫它涡流。伞的四周都会有涡流产生,但这些涡流绝不会一样。这样,产生较大涡流的一边,使伞受的阻力增大,结果就使伞发生摇摆,不利于跳伞员控制下落的路线。伞的正中开孔后,有一股气流向上冲去,速度较大。这样伞边上方的气流不容易产生涡流而都随中央气流一起上升,从而保证伞在降落过程中的稳定。

答案

能。把白色花插在红色的水里,花的茎吸收了带有色素的水后,将水传送给花瓣,花瓣就会变红了。

曲突徙薪的故事

在古代，有个农家小院，它的主人是个勤劳、利落的人，农具摆得整整齐齐，直直的烟囱立在屋边，旁边堆着一人多高的木柴，近段时间，主人还盖了三间新房。

"方哥，你看谁来了？"邻居天明领着邻村的一位长者进了小院。"大伯，里面请。很久没见，今天怎么有空来了？"方哥迎上前去。

"看看你们家的新房啊，真漂亮，给你道个乔迁之喜啊！"大伯看着干净的小院，整齐的新屋，心里高兴，赞不绝口。走到炉灶旁，他忽然停下对主人说："你这烟囱是直的，应该改成弯的；这堆木柴离炉灶太近，应该挪远些，以免发生火灾！""大伯说得对，方哥，我帮你改烟囱、挪木柴，你说什么时候干？"天明真是个热心肠。"等以后再说吧。天明，你先替我到集市上打酒买肉，咱们一起欢聚。"主人吩咐道。至于改烟囱的事，他心里想：哪会这么巧，偏让我的新房子失火？没过几天，他家真的失火了。村里各家虽不吃一锅饭，但胜似一家人，老老少少都来帮助救火。人多心齐，不一会儿，火灭了，房子总算是保存下来。

曲突徙薪这个成语告诫我们，凡事要防患于未然，早除隐患才不致酿成大祸。可奇怪，为什么大伯的话这么灵验呢？

考考你

两种隧道

这里有两种隧道：一种是方形隧道，一种是拱形隧道，你认为哪一种能承受的力更大？

科学揭秘

炉子上安烟囱，是为了加强空气的对流，以使炉火更旺。因为燃烧后的热气能通过烟囱顺利地上升排走，周围的冷空气就容易从炉灶下口进入补充，使木柴的燃烧快而充分。在农村，烟囱不会太高，它的上口离屋顶的茅草较近。火烧得很旺时（例如有风时，对流更加快，火就烧得很旺），常有大量甚至火苗蹿出，很容易引起火灾。改为弯曲的烟囱，一来可以控制对流速度，不易有火星蹿出，也减少了热量的损失，使更多的热量能留在灶里；二来可以控制烟囱出口的方向，使热的烟气远离房顶的茅草。总之，"曲突"既可以让火烧得旺，又减少了不安全的因素。

答案

拱形隧道能承受的力更大。

哪个杯子凉得快

科学小故事

炎热的夏天，爸爸出差后回到家，哥俩忙给爸爸倒水。可惜没有凉开水，只有刚烧开的水。总不能让爸爸喝滚烫的水啊，他一定口渴得厉害。他们想起冰箱里还有一些小冰块。

弟弟抢着把杯子倒上开水，接着就拿了冰块投了进去。

哥哥一看，急了，说："爸爸等着喝水，你不该先放冰块，先放冰块水凉得慢！"

"胡说，冰块多凉呀，一下就能把开水变凉的。"弟弟不服气。

"我说了你就是不相信，我做个实验你看。"哥哥说着麻利地拿了一个相同的杯子，倒上相同的开水，先放在桌上凉着。过了 5 分钟，他再拿了一块相同的冰投了进去。

弟弟的水总共冷了 7 分钟，爸爸刚好擦洗完换好衣服，他先端起一杯水来尝，接着又端起另一杯。"哪个凉？"哥俩异口同声地问。

"你们自己尝尝吧！"爸爸说着把杯子递了过去。

兄弟俩发现，哥哥倒的水凉。你知道这是为什么吗？

考考你

会跑的水

在盘子里盛一些水，再用火点燃一张纸，迅速放入杯子中，立即将杯倒扣在盘子里。请你说一说，盘子里的水会跑到杯子里去吗？为什么？

科学揭秘

哥哥倒的那杯凉得快，也就是晚放冰的凉得快。高温物体向外散热时，它与周围的环境温度相差越多，散热就越快。这是牛顿发现的关于冷却的规律。高温物体由于散热而冷却时，总是开始阶段冷得快，越往后与周围温度的温差越小，冷却得越来越慢。弟弟先放上冰块，冰块立即从开水那里吸收热量而溶解；同时，开水由于大量放热给冰块，温度下降，它与周围的温差小了，再散热就慢了。哥哥的那杯，开始是开水，与周围温差大，它散热降温也比较快，等它温度降低后再加冰块，热水由于大量散热给冰块，它的温度又继续迅速下降，所以后放冰块的开水凉得快些。当然，如果放的冰太多，或太少，这种差别就不容易观察到。

答案

会，因为点燃的纸熄灭后，杯中的气压就低，盘里的水在大气压力作用下会被压进杯子里。

头发绳的秘密

科学小故事

如同天气预报的一样,这是初秋台风过后的一个爽朗的早晨。某海边公寓的813号室,突然传来一声枪响。睡在床上的外国女游客被击中头部,当即死亡。经检验,中枪前她服了安眠药,睡得很死。

凶器手枪被固定在床头上,可不知为什么,扳机处系的却是长长的金发。是用被害人的几缕金发编在一起拧成的头发绳。

不久,通过搜查逮捕了凶手。奇怪的是,在调查不在现场的证明时,此人前一晚上正好在刮台风时离开了公寓,而次日枪声响时,他已在距离现场很远的地方。

那么,究竟是怎样开的枪呢?

考考你

奇怪的现象

把一个空的汽水瓶放进冰箱冷冻室,大约一个小时后,把瓶子从冰箱里取出来,并把气球迅速地套在瓶颈上,把瓶子放在盛满温水的碗里,几分钟后,你会看见什么现象?

科学揭秘

由于台风前后的空气温度差别很大，而头发恰好具有这样一个特性，即湿度一低，就会收缩，湿度一大就会伸长。

凶手恰恰是利用了头发的这个特性作案。在台风通过时将手枪的扳机上系上用长长的头发做的绳，等台风过后天气放晴湿度降低时，头发就开始收缩，靠这种收缩的力而拉动扳机，就"自动"开了枪。

答案

气球胀起来了。把瓶子从冰箱里拿出来后，由于外部的温度高于瓶内的温度，瓶内的空气会吸收外部空气中的热量，从而使瓶内的空气体积变大向外逸出，所以把气球胀大了。

夜里的怪声

科学小故事

小李跑到派出所向警察求助，说他家中经常闹鬼，夜里常听到院子里有"嘣嘣"的声音，就像有人在翻东西，去院子里查看，又什么也没有。警察听了小李的叙述，决定到现场去看个究竟。

中午的太阳晒在人身上暖洋洋的。警察找了半天也未见到什么疑点，便坐在散放在院子一角的一堆油桶上。

"哎哟！"警察刚坐下又站了起来，原来油桶被太阳晒得滚烫的。

"我明白了！"警察突然拍着脑袋叫了起来。

小李却仍愣在那儿。

那么，你知道警察到底明白了什么呢？

考考你

脸盆会翻吗

小华把一个杯子放在地上，再把盛有半盆水的脸盆放在杯子上，脸盆没有翻倒，这时小华又将一只塑料碗缓缓地放在脸盆的一边，你说脸盆会翻倒吗？

科学揭秘

原来，夜里院子里的怪声音来自油桶。油桶白天在太阳的烤晒下变热膨胀，到了夜里，因温度下降而发生收缩，便发出响声来。

答案

不会，因为碗浮在水中，排出的水的重量等于碗的重量，而排开的水会均匀地分散开，不会破坏原来的平衡。

失踪的化肥

科学小故事

有一位农民，脑子比较灵活，他喜欢做时令生意，如水果下来时他就卖水果，农忙时期他就卖化肥，冬天就卖蔬菜。

这一年春末，他低价批发了2500多公斤碳酸氢铵化肥，放在自家院子的仓库里。他想等到明年的春天再卖出去，那时化肥的需求量大，一定能卖个好价钱。

第二年的春天，他的化肥很快就卖完了，可他在算账时却发现少了250公斤化肥，这是怎么回事呢？他来到仓库里，没有发现被盗的痕迹。再说，家里一直有妻子在看管，不会被偷走，而且妻子也不可能拿自己家的东西；卖化肥时，更不会看错秤，即使错了，也不会错那么多呀！分析来分析去就是找不到原因。没有办法，这个农民只好自认倒霉了。

那么小朋友，你知道这个农民的化肥是怎么丢失的吗？

考考你

盐酸与水

这儿有两个杯子，其中一个杯里盛的是水，在两个杯子中分别加入少量的蛋壳。那么你知道哪一个杯子里盛的是水？哪一个杯子里盛的是盐酸吗？

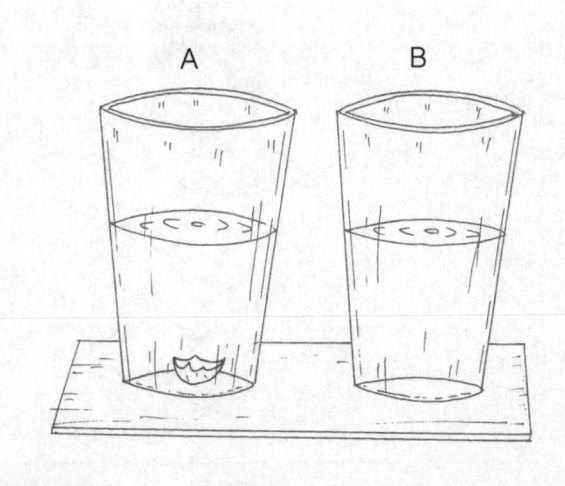

科学揭秘

这位农民的化肥是自己跑掉的。原来,碳酸氢铵在20℃常温下基本不变,若温度一旦越过30℃,就会分解,生成气体逃到空气中。这位农民买进化肥的时间是春末,很快就会进入夏天,而夏天气温高,加上空气潮湿,这种化肥就会蒸发到大气中,所以化肥就少了许多。

反应方程式为:

$NH_4+CO_3 \xrightarrow{受热分解} NH_3\uparrow +CO_2\uparrow +H_2O$

答案

A杯是水,B杯是盐酸。因为蛋壳遇到盐酸会溶化,A与B杯中分别都放入了蛋壳,但图中却显示只有A杯中还留有蛋壳,所以表明A杯中的是水,蛋壳得以保存。

智擒盗贼

科学小故事

一家珠宝店来了两位顾客，老板急忙迎了上去，并带两位顾客去看刚进的一颗价值不菲的钻石。

两位顾客见了那颗钻石，连声发出"啧啧"的赞叹。

后来，老板又把他们请到客厅里喝茶聊天，自己才小心翼翼地用糨糊在装钻石的木盒上贴上封条。

在客厅里，他们愉快地交谈，非常投入。期间，两位顾客分别去上了厕所，但其中一位却借上厕所之机，拿走了那颗钻石。当佣人将钻石被盗的消息告诉老板后，老板令佣人悄悄地去报警。

十五分钟后，警察到了，看了看珠宝箱，又看了看两位顾客，便对其中一位手上有伤的顾客说："你涉嫌盗窃，跟我们走一趟。"只见这位顾客低着头说："我坦白，钻石是我偷的。"

你知道为什么警察看了一眼这位顾客，就能知道钻石是他盗的呢？

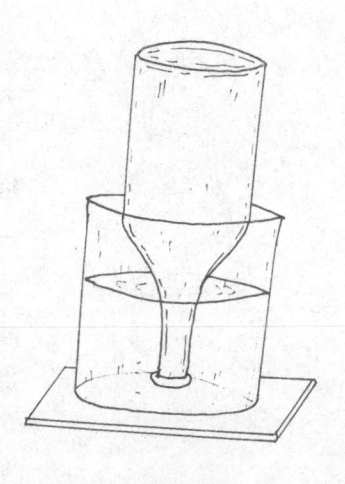

考考你

什么现象

我们把一个空啤酒瓶倒进一些热水后使瓶子变热，然后倒掉热水，迅速将瓶子倒扣在盛有冷水的广口大水杯内。请问，这时会出现什么现象？

科学揭秘

原来，这位顾客手指有伤，并涂了碘酒，而封条是利用糨糊粘的，糨糊里面含有淀粉。碘酒与淀粉接触就会发生化学反应，生成一种蓝色物质。警察就是靠小偷手上的蓝色痕迹来破案的。

答案

啤酒瓶会把广口水杯里的水吸进自己肚子里。这是因为酒瓶受热后空气鼓胀而跑掉了一部分，插入广口水杯后空气变冷，瓶内压力减小，广口瓶的水便流进了啤酒瓶内。

科学小故事

中毒的小猫

古时候，一个奸臣想篡位，于是他想先杀害皇帝，再起兵造反。可是，他无法接近皇帝，有事上朝时，文武百官都在，根本下不了手，即使下了手，众目睽睽之下，别说篡位了，连自己的小命都保不住。于是，他想出了一条毒计，花钱买通了为皇帝做饭的厨子，在皇帝的饭菜中下毒。

有一天，这个厨子在皇帝的饭菜里已经下好了毒，贴身的太监把皇帝爱吃的饭菜恭恭敬敬地递了上去。这时，皇帝看见侍女抱着自己最疼爱的小花猫，一时兴起，就命令侍女拿了一条红烧鱼给小猫吃，想不到小花猫刚吃了几口就两脚一伸，中毒而死了。贴身太监急了，拿起皇帝的银汤匙，往别的菜里一插，发现直冒泡，皇帝见了大吃一惊，龙颜大怒，一查，便把奸臣和厨子打入死牢。从此以后，不仅皇帝自己，连皇帝的嫔妃也用银碗银匙作食具了。

当然，今天的科学知识告诉我们，银餐具并不能"防百毒"，但确实有一定的好处。那么，你知道用银做餐具有什么好处吗？

考考你

蚂蚁过桥

蚂蚁们搬粮食回家，它们走哪一座桥会更安全些呢？

科学揭秘

在古代帝王的宫室中，银制的餐具的确是屡见不鲜。在银碗里盛放牛奶，可以保持好些日子而不变质。这主要是银具中含有银离子，具有强烈的杀菌作用，故而食物不易腐败。皇宫里使用银具，不仅在防毒方面有一定功效，其主要功用还能杀菌，有益健康。

答案

走2号桥，这样形状的桥承受力更大一些。

当然走这座桥喽！

凶手是谁

科学小故事

1952年12月5日至8日，英国伦敦被浓浓的烟雾笼罩着。其实，这个有名的"雾都"被浓雾笼罩并不是什么罕见的事儿，可这场浓雾好像有些特别，显得更为"来者不善"且"气势汹汹"。

当时，英国正在举办一场大型交易会。在动物交易市场上，一群正准备用于交易的驴竟然吐着鲜红的舌头，不断喘着粗气，甚至有的驴还莫名其妙地倒地而死。

更让人们惊恐不安的是，医院里的病人突然成倍地增加，许多人胸闷、恶心、头晕，大街上不时响起令人心悸的警报声。在短短的四天中，就有四千多人死亡，这太吓人了。另外还有很多人得了心脏病、支气管炎、肺炎和其他呼吸道疾病，整个伦敦陷入一片恐怖之中。

这究竟是怎么一回事？英国当局立即组织有关专家进行特别调查，务必捉拿到这个十恶不赦的凶手。

没过多久，这个凶手终于被抓住了，那么，你知道凶手是谁吗？

考考你

风的方向

请你仔细看看，这两幅图哪一幅不正确？

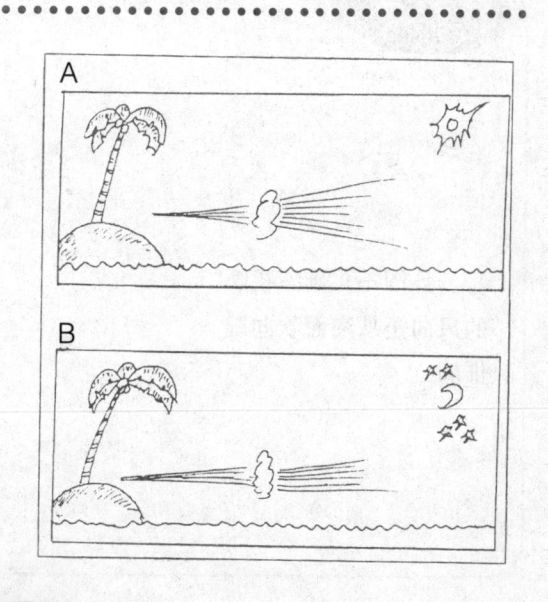

科学揭秘

原来，当时伦敦是个工业城市，许多工厂的大烟囱和千家万户的小烟囱，不断地向天空喷吐出大量的黑烟，使浓雾越积越厚，司机白天在路上行驶时也必须打亮车灯。1952年12月的那场大雾是真正的"元凶"，那是一场罕见的"硫酸雾"，这些烟雾被人和动物吸进体内就会刺激气管、肺，甚至导致死亡。

答　案

B图不正确。夜晚的风向是从海面吹向陆地的。

房屋着火之谜

科学小故事

在树林深处的一所房子里，住着独自生活的画家和他的小猫。就在画家外出旅行期间的一天，房子燃起了大火。眨眼之间，一切都化为灰烬。幸亏之前下了一场大雨，树林的树木潮湿，火势未能蔓延开。

在着火现场发现被烧死的小猫。它被关闭在房间里，因没有猫洞，无法逃脱，而被活活烧死了。

现场勘查结果表明，起火点是一楼大约12平方米的一个房间。可是，房间里没有任何火源，也没有漏电的痕迹。煤气开关紧闭，又无定时引火装置。

不过，因为在该房间里的书架下面的地面上发现了一个破碎的鱼缸，在烧焦了的席子上发现有熟石灰。于是，警察认定这是画家为谋取失火保险而故意放火，并逮捕了画家。想想，一所建了30年之久的旧房屋，竟被画家投保了高额保险，这确实令人怀疑。

那么，小朋友们能否构思一下，正在旅途中的画家，究竟使用了什么手段放的火呢？

考考你

增高与降低

把一条干毛巾放入脸盆时，盆里的水位有时会增高，有时会降低，这是什么原因呢？

科学揭秘

将装满了水的金鱼缸放在书架上，书架下面的席子上堆放一些生石灰，再将猫留在紧闭的室内，然后画家便外出写生旅行。

家里的猫会因口渴找水喝。它找遍了各处，发现书架上的金鱼缸。为了喝到鱼缸里面的水，它两只前爪扒在鱼缸上，此时，鱼缸倾斜跌落下来，水洒了遍地。当然，画家为了使鱼缸容易跌落，还可以故意放得不稳。

金鱼缸洒出来的水，正好浇在席子上堆放的生石灰上。生石灰遇水发生化学反应，产生强热变成熟石灰。其热能引燃了席子和书架上的书籍，造成火灾。

答案

盆里水多时，放入毛巾水位增加；盆里水少时，毛巾大部分在水面上，毛巾吸水，使水位降低。

丢失的金块

科学小故事

百万富翁乔纳森的卧室被盗，一块重20盎司（1盎司≈28.35克）的黄金不翼而飞。警方周密地侦察现场，对富翁身边和有关的人员一一审查，先后排除了作案嫌疑，只剩下化学研究所的药剂师兰波了，他是在案发时间唯一去过乔纳森卧室的人。兰波矢口否认，并且自愿让警方搜查他的住所和工作室，结果一无所获。

协助侦破的名探阿尔金在研究所实验室里搜寻着，实验台上一瓶"王水"映入眼帘。他灵机一动，从实验台上取下了它，打开瓶盖，用镊子夹着一个铜块放了进去。很快，奇迹出现了：铜块越来越小，直到完全消失，而瓶底却出现了一块黄金，与丢失的那块重量相等。

你知道这是怎么一回事吗？

考考你

吹灭蜡烛

佳佳的力气很大，他说他能隔着瓶子吹灭蜡烛，请问他能把蜡烛吹灭吗？

科学揭秘

阿尔金应用了一个简单的化学反应——置换反应,金溶于"王水"后,生成一种黄色的氯金酸,铜则可以把金从氯金酸中置换出来。

答案

能。当气流遇到圆形瓶子便会分两股沿着瓶壁流动,在瓶后汇合。汇合的气流强度会产生气流旋涡扫灭烛火。

不翼而飞的酒

在一个偏僻的小镇，有一个酒鬼，一天三顿都少不了酒。由于生活拮据，买不起酒。好在他祖上以前做酒生意，配酒的手艺他也会一点点，于是他就自己配酒喝。

有一次，他配完一种烈性酒后，发现酒好像少了。于是他准备做一下试验，他先用量筒量出260毫升95%的酒精，接着又量出240毫升的蒸馏水。可当他把这些酒精和蒸馏水混合在一起的时候，却发现这种混合酒不是500毫升。他反复用量筒量了量，呀，是486毫升！这是怎么回事？在这段时间内不可能有人偷尝，自己也没有洒落地上，为什么就少了14毫升呢？

酒鬼怎么也没弄明白这是怎么回事。小朋友，你知道这酒是怎么少了的吗？

考考你

水 温

A、B杯中的水温各是35℃，如果把A杯的水倒入B杯中，请问，B杯中的水温是上升还是下降呢？

科学揭秘

由于分子间存在着间隙，一定量的酒精与水混合后，酒精分子和水分子有部分会分别进入到对方的分子间隙中，所以混合后的总体积变小了。

答案

水温不变，仍为35℃。

卫生球不见了

科学小故事

"跑哪儿去了？明明放这了呀！"果果放学回家，一进门就听到妈妈自言自语地说，并见妈妈翻箱倒柜地找着什么。

"你这是干吗？"果果不解地问。

"卫生球不见了！"妈妈边说边不停地翻着柜子。

原来，去年妈妈怕衣柜里的衣服被虫子咬坏，就买了几个卫生球放在箱子里。现在衣服该穿了，就去拿，结果一开箱只闻到一股刺鼻的气味，而卫生球却不见了，妈妈正在四处找它们呢！

果果知道了缘由，"扑哧"一声笑了，说道："妈妈，卫生球是它们自己跑了！"

"自己跑了？"妈妈有些不解地盯着果果。

"是它们自己跑掉的。"果果点点头说。

你知道果果为什么会这样说，她的依据又是什么呢？

考考你

旋转的纸条

用一张纸，剪一条螺旋形的纸条，再做一个铁丝架，顶在纸条中端，然后放在亮着的台灯灯泡上，请问，一会儿纸条会自动旋转吗？

科学揭秘

当然卫生球不会长脚自己跑掉的。卫生球的主要化学成分就是萘,萘是无色片状晶体,是从又黑又臭的煤油中提炼出来的,能够起到杀虫的作用。萘不溶于水,易溶于热的乙醇和乙醚,在空气中易挥发。存放的时间久了,就会变成气体挥发掉,所以找不到了。

卫生球的酚类物质,经空气氧化会变成醌类化合物,能使浅色衣服变色。因此,收藏小儿衣服、化纤织物及丝绸服装时,均不宜放卫生球。

答案

会。因为灯泡点亮以后会发热,纸条受到上升的热空气的作用,所以会旋转起来。

绿色的天空

科学小故事

乐乐的爸爸去外地出差，刚好碰到当地的一个拍卖会，乐乐的爸爸是个古画收藏爱好者，于是花高价买了两幅古画。

拿回家里，乐乐和爸爸一起欣赏时发现，这两幅古画的画面上，天空都被画成了绿色。

天空怎么会是绿色的呢？难道那时候天空真的是这种颜色吗？可是，从当时的文学作品的描绘中可以看出，那时的天空也是蔚蓝色的，像大海一样的颜色呀！那么，是不是当时画家的一种时尚呢？乐乐和爸爸都百思不得其解。

爸爸想起一个老同学是搞这方面研究的，于是他找到这位老同学。老同学笑着给爸爸讲解了其中的奥秘。那么，你知道乐乐爸爸的这位老同学是怎么解释的吗？

考考你

黑白气球

A、B两个小朋友拿着一样大的气球，里面装着同样多的氢气。A拿黑色气球，B拿着白色气球。请问，在阳光灿烂的天气里，哪个的气球升得快些呢？

科学揭秘

在古时候，画家们绘画所使用的蓝色颜料，是由一种叫"铜蓝"的矿石制成的，时间长了，这种矿石会发生化学反应，就变成绿色的了。

铜蓝是铜矿石矿物，其化学成分是硫化铜，因呈靛蓝色而得名，是炼铜的主要矿物原料。常与辉铜矿伴生，组成含铜量很高的矿石。

答案

A拿的黑色气球升得快。因为黑色气球吸收阳光要多些，球内气体受热膨胀，上升加快。

还是我这个升得快！

灭火妙招

科学小故事

某县城新近组建了一支消防队，队长由刚从部队转业的刘强担任。

县城不比大城市，发生火灾的情况较少，所以没有事的时候他们都学习消防知识。刘强见识多，知道的东西也比较多，同事不懂的问题都喜欢向他请教，而刘强也乐意解答。

有一天，消防队接到报警电话，县郊区的一家葡萄酒厂起火了。接到命令的消防队员迅速赶到现场，投入紧张的扑火中。正当他们奋勇作战，即将控制大火的时候，突然发现贮水槽里的水快没有了。

这下完了，队员们都绝望了。这时刘强突然命令队员把正在发酵的葡萄酒泼向熊熊大火。

我们知道酒精能燃烧，队员们犹豫了，不过他们还是执行了命令。神奇的是，火竟然被扑灭了。

你知道这是怎么回事吗？

考考你

两只玻璃杯

这里有两只玻璃杯，一只厚，一只薄。冬天，小明将开水倒入两只杯子中时，一只杯子突然炸裂。请问，哪只杯子炸裂的可能性更大？为什么？

科学揭秘

　　正在发酵的葡萄酒里含有大量的二氧化碳，而二氧化碳不助燃，是很好的灭火剂。

　　灭火器喷出来的也是二氧化碳，那么灭火器里为什么有那么多二氧化碳呢？原来，灭火器钢筒里贮藏着两种化学物质，即碳酸氢钠和硫酸。平时，这两种物质用玻璃瓶隔开分装两处，各不相扰。当灭火器头倒过来时，它俩混到一块儿，发生化学反应，产生大量二氧化碳。若把硫酸换成硫酸铝，再配上点发泡剂，就成为泡沫灭火机。它也同样产生二氧化碳气流，同时带有大量泡沫，可以覆盖在着火面上帮助灭火。

答案

　　厚杯子炸裂的可能性更大，因为它传热慢，里层的玻璃变热膨胀，而外层的玻璃还保持原状，所以更容易炸裂。

奇怪的馒头

科学小故事

今天是星期天，玲玲不用去上学，做完作业，不知道该干什么，就搬了条小凳坐在院子里发呆。

妈妈这会儿正在蒸馒头，快熟的时候，只见妈妈闻了闻，就在上面洒了些"水"，盖上盖子又蒸了一会。无聊的玲玲觉得非常奇怪，就跑过去问妈妈为什么要"浇水"。妈妈告诉她，是因为馒头有点酸，洒上点碱水再蒸一会儿就不会酸了。

"这是为什么呢？"玲玲不解地问。

为什么？妈妈也不知道这是为什么，只是别人告诉她馒头蒸酸了洒上点碱水就不酸了，她就这么做了。

那么，你能帮助玲玲来回答这个问题吗？

考考你

红锈与黑锈

有两颗铁钉，一颗生的是红锈，一颗生的是黑锈。这是怎么一回事呢？生红锈还是生黑锈到底与什么有关系呢？

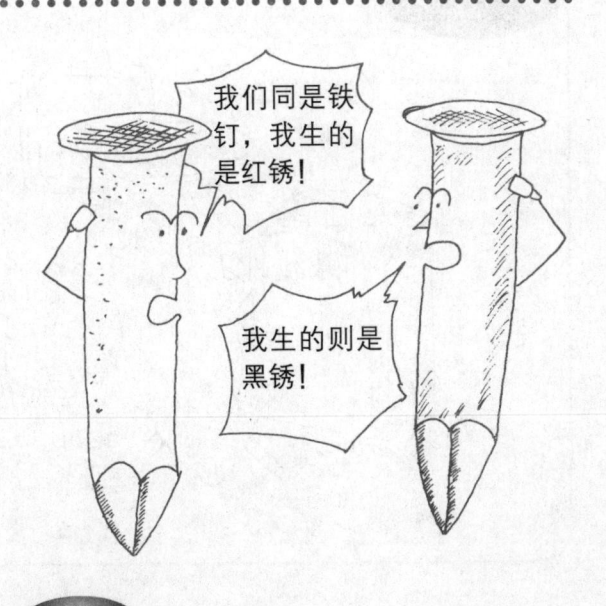

我们同是铁钉，我生的是红锈！

我生的则是黑锈！

科学揭秘

原来酸碱是可以发生中和反应的，酸碱的中和反应就生成盐和水了。馒头酸时，放点碱，酸味就会消失。馒头发黄，提示碱可能多了，则只需放点醋即可。

淀粉在酵母的催化下与水作用生成葡萄糖，而葡萄糖会变成乳酸，所以馒头会发酸。

答案

这下知道了吧！

这与温度有关。高温下铁钉会生红锈，常温下则生黑锈。

奇怪的墨水

科学小故事

过节了，为了迎接新的一年，家家户户都开始打扫卫生，可可家也不例外。

妈妈让可可收拾自己的房间，把东西都整理一下。当可可收拾到自己很久以前的作业本时，他顺手翻开一看，"啊，以前很漂亮的纯蓝色的字迹怎么模模糊糊的，作业本也没被弄湿过啊。"可可自言自语道。再翻看另一本，这本里面蓝黑色的字迹却清清楚楚，这就更奇怪了，这些字都是没隔几天先后写下来的，怎么它们的差别会这么大呢？

可可十分纳闷，怎么也想不明白是怎么回事。那么，你能告诉他这其中的道理吗？

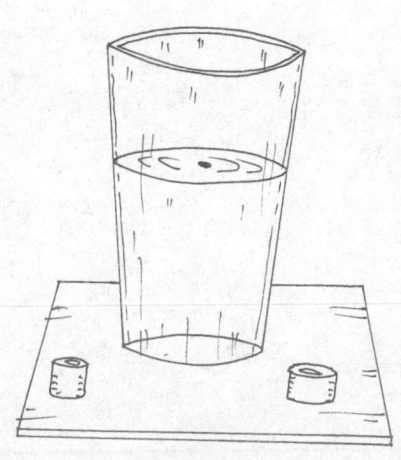

考考你

加什么好

这是一杯肥皂水，小明突发奇想，想重新看见水中的肥皂，那么你觉得应该加入糖还是食盐呢？

科学揭秘

字迹不清的那本作业是用纯蓝墨水写的，日子长了，会被氧化，颜色渐渐变浅，甚至完全消失，而另一本字迹清楚的作业本是用蓝黑墨水写的，蓝黑墨水被氧化后，能逐渐生成一种永不褪色的化学物质——黑色的鞣酸铁，所以，字迹仍比较清楚。

答案

加入盐。盐能使肥皂重新出现在液面上，这种化学反应叫作"盐析"。

神奇的"水"

科学小故事

一位魔术师正在表演烧手绢的魔术，随着音乐的响起，魔术师跟着节奏动了起来，只见他拿出一块普通的棉布用火柴一点，顿时棉布便燃烧起来，烧到一半时，魔术师跳着舞步把火踩灭，然后把烧剩下的那块棉布浸在一盆水里，片刻之后取出。在晾干的过程中，魔术师迈着猫步在台上走来走去，还时不时地向棉布吹上两口"仙气"。一会儿棉布晾干了，还让坐在前排的观众看着棉布，并作一下证明：棉布已经干了。

"没错，干了。"前排的人证实后，魔术师又拿出火柴要点燃棉布。但奇怪的是，这次棉布不但点不着，还冒出白色的烟雾。观众都纳闷了，刚才还能点着，怎么放在水里然后取出晾干就点不着了呢？烧手绢时，手绢烧不坏可能因为手绢是湿的，而现在可是干的啊！这是怎么回事呢？

考考你

哪个先化

杯子里有半杯水，现在放入两块冰块，再用一根吸管将一块冰块压到杯子底部。那么，杯子底部的冰块和浮在杯子上部的冰块哪个先融化呢？

科学揭秘

那盆水有问题。其实那不是水,而是氯化铵溶液,棉布被氯化铵溶液浸泡后变成防火布了,晾干后,这种经过处理的棉布的表面附满了氯化铵的晶体颗粒。氯化铵这种化学物质有个怪脾气,就是特别怕热,一遇到热就会发生化学变化,生成两种气体,它们会把棉布与空气隔绝起来,棉布在没有氧气的条件下当然就不能燃烧了。当这两种气体保护棉布不被火烧的同时,它们又在空气中相遇,重新化合成氯化铵小晶体,这些小晶体分布在空气中,就像白烟一样。

答案

杯子上部的冰块先融化。因为它一部分露在水面上,吸热快,融化得也快。

咸鸭蛋流泪

在某处的农贸市场里,一个卖咸鸭蛋的喊着:"咸鸭蛋,两块钱一个,不流油不要钱了。"

这时,有位中年妇女提着篮子过来问道:"你帮我切一个看看,如果好就多买几个。"

卖咸鸭蛋的乐呵呵地拿了一个,从中间切开,只见黄灿灿的油一滴一滴地往下流,果然是好咸鸭蛋。

有时候,剥咸鸭蛋时会流油。有些小孩子见了都很惊奇,天真地说这是咸鸭蛋流眼泪呢!当然,咸鸭蛋是不会流泪的,不过蛋里怎么会流出油来呢?这到底是怎么回事呢?

哪杯是开水

这儿有 A、B 两个玻璃杯,都盛上了水。请你判断一下,哪个杯子盛的是烧过的开水?哪个杯子盛的是自来水?

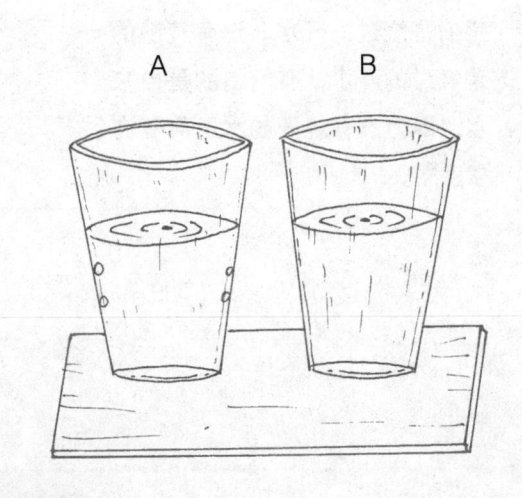

科学揭秘

其实蛋类都含有脂肪，这些脂肪99%以上都集中在蛋黄里，我们的肉眼无法发现。

当鸭蛋放到盐水里腌制以后，盐进入到蛋壳内，由于蛋黄里脂肪比较集中，盐又有一个特殊的本领——使蛋白质凝固，蛋黄里原有的那些微小的小油滴因盐的作用，会凝聚在一起，变成大一些的油滴。当咸鸭蛋放在开水中煮熟以后，蛋白质凝成了块，小油滴凝成了大油滴，剥开一看，整个蛋黄就变得金灿灿的，还往外流油。

答案

A杯盛的是自来水，B杯盛的是烧过的开水。没有气泡的是烧过的开水，有气泡的是自来水，因为没有烧开的水里面有许多空气。

这杯是自来水！

科学小故事

胡同里的"鬼"

也许家在北京的人，小时候经常会听到老人说起故宫"闹鬼"的故事：某个夏天的夜晚，电闪雷鸣，有一个人从故宫附近的夹墙走过，突然发现远处有一对打着宫灯的人，后面还跟着一个宫女。这可把他吓坏了，腿都不听使唤了，瘫坐在地上，直到灯光看不见了，才从另外一条道一步一步地挪回家。

后来这事传开了，大家议论讲起这件事，老人都说是因为那人太倒霉遇见鬼了。

我们知道世界上是没有鬼的，所谓的鬼故事都是自己吓唬自己，不过这人的的确确在故宫附近的胡同里看见了以前的宫女，你知道这究竟是怎么一回事吗？

考考你

绳继之处

像右图那样，用一根细绳将四个球体串起来悬挂着，如果在细绳的末端（D处）施加一个向下的力，请你推断，绳子在什么地方断开的可能性最大。

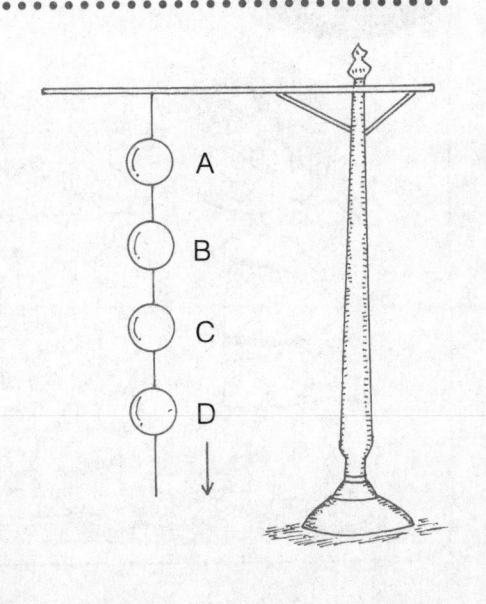

科学揭秘

其实故宫能看见以前的宫女是有科学依据的，因为红色的宫墙里含有四氧化三铁，而闪电可能会将电能传导下来，如果碰巧有宫女经过，那么这时候宫墙就相当于录像机的功能。当以后再有闪电巧合出现，可能就会像录像放映一样再出现一遍。

四氧化三铁（Fe_3O_4），为黑色磁性固体，常温下比较稳定，加热分解生成三氧化二铁和氧气。由铁丝在纯氧中燃烧得到，或直接利用自然界的磁铁矿溶于强酸生成铁盐和亚铁盐，加热时能被氢气或一氧化碳还原成铁或氧化亚铁。

四氧化三铁加热至熔点同时分解，具有很好的磁性，故又称为"磁性氧化铁"。

答案

如果快速加力，在D处断开的可能性最大。这是由于D处施加的是一个瞬时力，这个力的作用极其短暂，来不及传递到A、B、C处。如果慢慢加力则在A处断开的可能性最大，这是因为A处受力最大。

池塘的死鱼

科学小故事

刘山,是南方某省一个小镇的村民,靠养鱼为生。

刘山的妻子在小镇上的纺织厂上班,儿子今年上初中。一家三口过着快乐、幸福、安静的日子。

可是一场大雨却破坏了他们安宁快乐的生活。

那天,大雨下了整整一个晚上,刘山一早便去养鱼塘捕捞准备上市的1 000公斤鱼。到了池塘边,刘山却傻眼了,只见水面上白花花的一片,一夜之间,鱼几乎全死光了。

这可是家里唯一的经济来源啊,以后可怎么办?为了讨回公道,刘山向环保部门报了案,要求找到是哪家工厂排污超标,把鱼塘给污染了。

环保部门取水做了化验,化验的结果更是让刘山大吃一惊,池塘的死鱼与工厂的污染无关,而是昨晚的那场大雨造成的。

这就奇怪了,大雨为什么能造成池塘的鱼死亡呢?

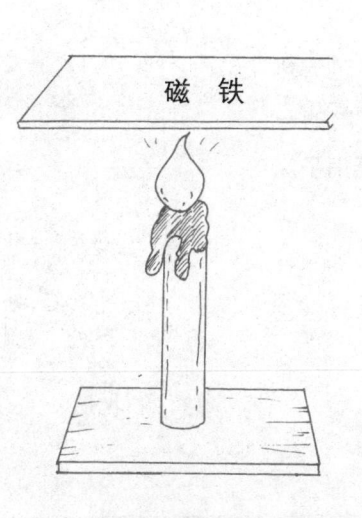

考考你

磁 性

果果把这块磁铁放在火上加热,然后让它冷却。那么请问,冷却后这块磁铁还能吸住铁吗?

科学揭秘

原来这场雨就是所谓的"酸雨",池塘里的鱼当然会死亡了。

酸雨是指pH值低于5.6的雨、雾或其他形式的大气降水。pH值是表示液体酸、碱程度的标志,pH值越低,表示酸性越强。它主要是人类燃烧大量的煤炭、石油等,产生有害的SO_2气体,SO_2在遇到闪电时会被氧化生成SO_3,SO_3溶于水后生成H_2SO_4,从而使雨水呈现酸性。

答案

再也吸不住铁了,因为热分子破坏了电子运动方向的一致性,磁效应作用相互抵消了。

让蜡烛燃起来

科学小故事

今天是松桥村的庙会，卖日用品的、卖小吃的、卖牲畜的都蜂拥而来，其中还有一个卖艺的。

只见场地中间摆放了一张桌子，桌子上放了一支蜡烛，正在燃烧着。卖艺的小伙子轻轻地走到桌前，一口气把燃烧的蜡烛吹灭后，又立即伸出一只手，用手指轻轻地一弹，嘿，奇迹出现了，原来只有袅袅烟雾的蜡烛又"啪"的一声燃了起来。

小伙子又邀请了一围观的人靠近蜡烛，一口气吹灭了燃烧着的蜡烛，让那人用手指弹一下，那蜡烛却没有燃，围观的人群发出一阵笑声。这时卖艺的小伙子伸手向蜡烛一弹，那蜡烛立即又自燃起来。

围观的人群发出一片赞叹声和一阵热烈的掌声。

我们知道，蜡烛是不会自燃的，那么，你知道卖艺的小伙子是怎样让吹灭的蜡烛又燃起来的呢？

考考你

烛 火

蜡烛是靠蜡燃烧的，如果在这燃烧的烛芯上也涂上蜡，你认为烛火会变大，还是会熄灭呢？

科学揭秘

其实，让熄灭的蜡烛重新自燃的秘密是卖艺者在指甲里暗暗地塞了一些硫黄粉，硫黄粉稍遇到热就会立即燃烧，所以蜡烛就能够重新点着了。

硫黄或硫黄粉均呈黄色和淡黄色，无毒，易溶于二硫化碳，不溶于水，略溶于酒精和醚类，导热性和导电性很差。硫黄易燃烧，一般燃烧温度为241~261℃，硫黄粉燃烧温度只有190℃，其浓度达到35克/米^{3}时具有爆炸性，一旦遇到或接触热体表面就可能引起燃烧或爆炸。

答案

会熄灭，因为涂上蜡后的烛芯得不到氧气。

奇怪的布娃娃

科学小故事

亮亮的爷爷生病了，躺在床上一个星期都没有起床，奶奶便从乡下请来了一个"师婆"，为爷爷看病。

只见"师婆"绕着爷爷走了两圈，便对奶奶说："这位老人被一个女鬼缠身，所以才得病，我明天拿上宝剑来降妖除魔。"

第二天晚上，"师婆"来了，她让奶奶摆了一张桌子，然后"师婆"将一把寒光闪闪的"宝剑"和一碗"圣水"放在桌子上。桌子旁放一个布娃娃，布娃娃的"衣服"糊的是一层黄纸。一切就绪后，"师婆"在口中念念有词，而后拿起"宝剑"，往"圣水"里浸了一下，立即奋力向女鬼的化身——布娃娃刺去，再用力拔出剑来，"宝剑"和黄纸上立即出现了"血迹"。"师婆"忙完后对奶奶说："女鬼已经被我降服。"奶奶舒了一口气，拿出钱来表示感谢。

学习过知识、懂得科学的我们早就知道"师婆"这"降妖除魔"的行为完全是一个骗人的把戏，若家里真有人生了病，一定要去正规的医院请医生帮助。我们身边通常可见的玩具布娃娃竟然被扎出了"血"来，这又是怎么回事呢？

考考你

直 烟

佳佳说，图中这艘船以每小时9公里的速度向前行驶。可是烟囱的烟却是直直的。请你判断一下这可能吗？

其实，世界上根本就没有鬼，"师婆"的剑也根本不是什么"宝剑"，那"圣水"只不过是普普通通的纯碱溶液。布娃娃穿的黄纸是用天然染料染过的，这种染料是从姜黄中提取出来的。剑上沾有纯碱溶液，碰到姜黄这种物质就会发生化学反应，使黄色立即变成了红褐色，看上去就像血一样。

答案

有这种可能。在风和船同方向、同速度的情况下，船烟囱冒出的烟就可能是直的。

水的污染

科学小故事

小明的家住在偏远的山村，那儿空气好，水也好。

这年夏天放暑假，他第一次到城里姑姑家玩。

小明住在山里，从没用过自来水，第一天他打开自来水龙头喝水，发现水比较浑浊，用鼻子一闻，有一股轻微的气味，他摇摇头，叹了口气说："唉，都说城里污染严重，果然连喝的水都被污染成这个味道。"

姑姑在客厅里听到小明的叹气声，笑着对他说："那不是污染，那是为了消毒，水里放了氯气，所以才有味。"

小明心里仍有点不服姑姑的解释，这水没有污染放什么氯气？再说，气体怎么能放到水里呢？

对了，你能把其中的道理给小明讲清楚吗？

考考你

水与水银

这里有 A、B 两个玻璃杯，其中分别装有水和水银。请你判断一下哪个杯子里装的是水？哪个杯子里装的是水银？

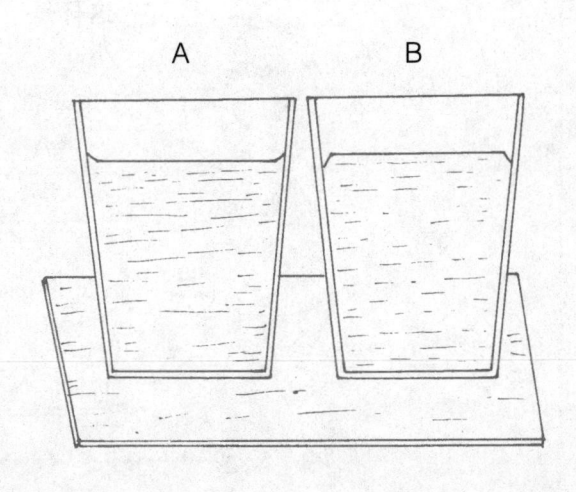

科学揭秘

因为氯气能溶于水，并能和水发生质的变化。

氯气在自然中以化合态存在，有着广泛的用途，可以用来消毒，制造盐酸和漂白剂，还可以用来制造氯仿等有机溶剂和多种农药。

答案

这杯是水。

A杯里是水，B杯里是水银。因为水和水银的表面张力不同，水银的表面张力强，杯中的液面向上凸起。

铁条变金条

科学小故事

小明是个魔术迷，凡是有什么魔术表演他都要去观看。这天，小镇里来了一个魔术师，在镇上的街道旁搭了一个台子，就开始表演起来。当然，小明是不会错过这个机会的，就挤了过去。

魔术师吆喝几句，就开始了表演。只见他从地上拿起一个装有水的瓶子放在桌子上，然后又拿出一根几厘米长的铁条，笑眯眯地走到台前："你们看看，这是什么？""铁条！"小明仔细地看了看说。"对，这就是一根普普通通的铁条。"魔术师笑着说。别的小朋友也挤过来瞅了瞅："是根铁条。"

"大家都看清了，这是根铁条。"魔术师说，"那么，现在我要把这根铁条变成金条！大家信不信？"没有人回答。

"我知道你们不信！"魔术师笑着说，"那我就叫你们耳听为虚，眼见为实。"说完，魔术师把铁条放进了那瓶水里，在水里晃了晃，过了一会儿又把铁条从水中取出。啊，铁条真的变成了金条——金光闪闪，耀眼夺目。

这铁条怎么会变成金条了呢？小明有点傻眼了。那么，你知道其中的奥秘吗？

考考你

变形的筷子

奇怪，这支插在水中的筷子怎么会变成这样呢？你能答得出来吗？

科学揭秘

其实，魔术师的水不是普通的水，里面放了硫酸铜。硫酸铜溶于水成硫酸铜溶液，与铁发生置换反应，生成的铜附着在铁条的表面。实际上，魔术师变成的金条是一根镀铜的铁条。

知识链接

无水硫酸铜是一种白色固体，不溶于乙醇和乙醚，易溶于水，水溶液呈蓝色。将硫酸铜溶液浓缩结晶，可得到无水硫酸铜蓝色晶体，俗称胆矾。胆矾在常温常压下很稳定，不潮解，在干燥空气中，会逐渐风化。

答案

这是因为光线从一种透明体进入另一种透明体时，在两种物体的交接处发生偏折造成的。

隐形杀手

科学小故事

有一个小小的山村，住着十几户人家。这儿的每家每户都喜欢种菠菜，自家吃不完的就拿到邻村去卖。

有一年，这儿的菠菜长势特别好，到了丰收的季节，每家都堆满了菠菜，卖又卖不掉。于是就一天三顿吃菠菜。

这样的日子过了两三个月，有一天村子里出现了一件怪事：张家刚满两岁的儿子手脚抽搐。仔细观察，村里很多别的小孩也变得面黄肌瘦。

有位刘老汉食欲不振，味觉下降，起初刘老汉以为自己年龄大了，有这些现象很正常，也没在意。直到有一次和一群人下棋时谈起这事，才知道，原来很多人都有和他类似的感觉。村民们都很纳闷，不知道是怎么回事。

直到有一天，县里的医生来这儿进行普查，人们才弄明白了其中的原因。请问小朋友们，你们知道究竟是什么原因吗？

考考你

哪边的灯亮

从左边的图中你能判断出哪盏灯亮着？

科学揭秘

原来，这是因为长期吃菠菜引起的。菠菜中含有草酸，食物中的钙、锌能与草酸结合并被排出体外。经常吃菠菜，会引起体内缺钙、缺锌，从而会导致食欲不振，味觉下降，儿童发育不良，甚至出现手足抽搐和软骨症。

答案

一眼可以看出右边的灯亮着，因为人的影子是在左边的。

茶水变墨水

科学小故事

联欢晚会上，魔术师表演了一个叫"茶水变墨水"的节目。

魔术师先拿出两杯茶水，在观众面前晃来晃去，让观众仔细地看了看。为了展示他的强大"魔力"，他还随便叫上了一位观众，让他仔细品尝一下，确认是茶水。

而后，魔术师又开始随着音乐踱来踱去，似乎在采集天地之灵气。

当他把观众的胃口吊到极致以后，魔术师便开始操作了。只见他对着这杯茶水吹上两口"仙气"，又对着那杯茶水吹上两口"仙气"，而后把两杯茶水倒在一起，摇一摇，一会儿，杯里的茶水果真变成了黑色……顿时台下一片掌声。

"真奇妙、真奇妙，想不到，几分钟内，一杯茶水就变成了一杯墨水。"有的观众啧啧地称赞着。

你知道，这魔术奇妙在什么地方？

考考你

和尚挑水

这个和尚正挑着水往回走，请你判断一下，他身上挑的水哪一桶多？

科学揭秘

其实，魔术大师并非有真正的魔力，而是他在水里做了"手脚"，将其中的一杯放了绿矾。茶水里含有单宁酸，与绿矾能发生化学反应，生成一种单宁酸铁的蓝黑色物质。

知识链接

绿矾又称铁矾，浅蓝绿色单斜晶体或者结晶体颗粒，无臭，是具有还原性的酸性盐。

答案

前面的那桶水多。因为前面的桶重，所以必须把肩膀往前移，这样才能保持扁担平衡。

科学小故事

不灭的蜡烛

果果和文文是两兄妹，这一天，妹妹文文过生日，爸爸妈妈为她开了一个生日会，并预备了一个大生日蛋糕。

生日会开始了，文文许愿之后，用力将蜡烛吹灭。可她刚抬起头，那熄灭的蜡烛又自己重新燃烧起来。于是文文再次鼓足了气把蜡烛吹灭。可她刚抬起头，那熄灭的蜡烛竟又自己燃烧起来。

这可怎么办呢？妹妹不知这是怎么回事，愣在那儿。

正当文文在那儿发愣时，果果却在一旁笑得前俯后仰。

文文知道这一定是哥哥捣的鬼。那么，你知道果果是怎么捣的鬼吗？

考考你

比影子

这儿有三兄弟，老大、老二、老三，他们站在同一个路灯下。请你想一想，谁的影子最长？谁的影子最短？

科学揭秘

原来，果果从化学实验课上跟老师学了一招：他在蜡烛的芯内藏了一些易燃物件——镁是主要成分。因为镁的燃点低，当蜡烛燃烧时，芯里的镁被液化了的石蜡包围着，使它与氧气隔绝，无法燃烧。但当火焰熄灭时，温度还比较高，而镁粉又有机会接触到氧气，就燃烧起来，从而使蜡烛又重新燃烧了。

答案

我的影子最长！

老三的影子最长，老大的影子最短。因为物体离光源越近，投射的影子越短，反之，越长。

听话的鸡蛋

科学小故事

今天第三节课是化学实验课。

上课后,老师对同学们说:"大家都知道,如果我们把生鸡蛋放到水里,鸡蛋就会下沉。可是今天,有一个十分听话的鸡蛋,我让它上浮就上浮,让它下沉就下沉。"

世上真会有这种鸡蛋吗?同学们都瞪大眼睛望着老师。

这时老师从包里拿出一只大玻璃杯和一个装有液体的玻璃瓶,接着又拿出一个生鸡蛋来。

老师笑着说:"今天的实验叫听话的鸡蛋。"只见他把瓶里的液体倒入大杯子中,然后把鸡蛋放了进去。

"沉下去。"老师说。

果真,那鸡蛋就真的下沉了。

过了一会,老师又说:"浮起来。"

那鸡蛋真的又浮起来了。这样反复了好几次,神了,鸡蛋怎么那么听老师的话,这可把同学们都看呆了。你知道这是怎么回事吗?

考考你

谁钓的鱼大

小华与小佳一同去钓鱼,这时他们用相同的渔竿各钓到了一条鱼。请你根据图中的情境推断一下,他们谁钓到的鱼大呢?

科学揭秘

其实那瓶溶液是稀盐酸，鸡蛋外壳遇到稀盐酸时会发生化学反应而生成二氧化碳气体，二氧化碳气体所形成的气泡紧紧地附在蛋壳上，产生的浮力使鸡蛋上升。当鸡蛋升到液面时气泡所受的压力变小，一部分气泡破裂，二氧化碳气体向空气中扩散，从而使浮力减小，鸡蛋又开始下沉。当沉入杯底时，稀盐酸继续不断地和蛋壳发生化学反应，又不断地产生二氧化碳气泡，从而再次使鸡蛋上浮。这样循环往复上下运动，最后当鸡蛋外壳被盐酸作用光了之后，反应停止，鸡蛋的上下运动也就停止了。此时由于杯中的液体里含有大量的氯化钙和剩余的盐酸，所以最后液体的比重大于鸡蛋的比重，因而，鸡蛋最终浮在液体上部。

答案

右边哪位小朋友钓到的鱼大。因为他的渔竿弯曲得比较厉害，说明鱼钩上的鱼比较大。

这下着火了

科学小故事

圆圆是个聪明且贪玩的孩子，他买了一只小水枪，只要一按，枪里便会喷出水来。圆圆整天拿着水枪这喷喷，那喷喷，觉得十分好玩。

这天，圆圆看见炉子里的火，就向上面喷水，结果发现水滴在煤块上，不但没有把火浇灭，反而烧得更厉害了！在被水滴湿的煤块上，不但发出了火花噼啪的响声，而且火苗跳得更欢，还闪出了蓝色的火舌！

这是怎么回事啊，圆圆瞪大眼睛。这是不是化学变化呢？聪明的圆圆又联想到了化学。

请你想一下，这真的与化学变化有关吗？

考考你

什么时候

请你判断一下，图中描绘的是什么时候？别把时间弄错了！

这确实是化学反应。

煤中含有碳，碳和水蒸气在高温下发生化学反应，生成氢气和一氧化碳，而氢气和一氧化碳都能燃烧，而且会发出淡蓝色的火焰。

答案

是中午的时候。因为图中的小学生的影子很短，正好在人体下方。

这下我知道了。

泡在石灰水里的柿子

科学小故事

有一群游客来到农村某风景区旅游,这些生长在城市里的人们,对农村的一切都感到新奇。

这天大家玩累了,一群人回到预订的农家小院。有一名游客看到农家院的角落了里放了几个大缸,出于好奇,就想去看大缸里装的什么东西。掀开盖,嘿,好多青柿子,泡在冷石灰浆里。看看其他缸里,都是青柿子。

为什么要把青柿子放在石灰水里呢?

小院的主人笑着走了过来,解释说,柿子放在石灰水里是为了脱涩。在市场上买的柿子之所以特甜,都是经过脱涩处理过的。

"柿子为什么会涩呢?"一名游客问道。

柿子为什么会发涩,这农家小院的主人也回答不出来了。那么,你知道吗?

考考你

不对劲的船

这艘船行驶在茫茫的大海上,不过看上去好像哪儿有点不对劲,你看出来了吗?

科学揭秘

青柿子发涩是因为柿子里含有一种叫单宁酸的化学物质，这种物质会刺激口腔里的味觉神经，给人一种"涩"的感觉。涩柿子浸泡在石灰水里，隔绝空气，不生虫子，柿子的果实就会分解出糖分，产生二氧化碳和酒精，化解难以下咽的涩味儿，使柿子变得柔软、清冽、甘甜。

答案

烟不对。烟应是先细后大，因为烟会不断地膨胀扩散。

神秘的"鬼火"

科学小故事

你知道"鬼火"吗?

夏日的夜晚,在墓地里常会出现一种青绿色的火焰,一闪一闪,忽隐忽现,十分诡异。很多人遇到这种情况都会毛骨悚然,汗毛直立,赶紧逃跑。谁知,那火还会像幽灵似的,你跑它也跑。古人认为这是鬼魂在作怪,就把这种神秘的火焰叫作"鬼火"。

古时候,有个叫李德的人,有一次和朋友聚会,因贪杯而醉倒在朋友家中,直到晚上十点多钟,他才迷迷糊糊地辞别朋友回家。

经过一片坟地时,李德突然发现一撮绿油油的火焰跟着自己,他走多快,那绿火也走多快。这时,李德的酒全被吓醒了,他认为自己碰到鬼魂了,吓得一口气跑回家中。从此以后,李德一病不起。

这"鬼火"究竟是怎么回事呢?

考考你

抬木头

这两个小朋友抬了一根木头,请你判断一下,他们谁在偷懒?

科学揭秘

其实，这不是什么"鬼火"，而是磷在作怪。

原来，人类与动物身体中有很多磷，死后尸体腐烂生成一种叫磷化氢的气体，这种气体冒出地面，遇到空气后会自我燃烧起来，但这种火非常小，发出的是一种青绿色的冷光，只有火焰，没有热量。其实，不管白天还是黑夜，都有磷化氢冒出，只不过白天日光很强，看不见"鬼火"罢了。

为什么夏天的夜晚在墓地常看到"鬼火"，而"鬼火"还会走动呢？这是因为夏天的温度高，易达到磷化氢气体的着火点而出现"鬼火"，又由于燃烧的磷化氢随风飘动，所以，夏天的夜晚在墓地常看到"鬼火"，而且"鬼火"还会走动。

答案

后面那个小朋友在偷懒。他抬木头的支点越往后，所承受的压力就越小，而前边那位小朋友抬木头的支点越往后，所承受的压力就越大。

偷懒可耻！

黑夜里的闪光灯

科学小故事

这是一个发生在很久前的事。

有一个胆大的农民进城做生意，晚上没事就出来闲逛，突然，几百米外有灯光一闪一闪的。

"难道遇上了鬼？"这样想着，他不但没被吓跑，反而好奇地凑了过去。

"这哪里是什么鬼哟，原来有人在拍照。"农民舒了一口气，但他还是很迷惑，闪光灯一闪就能拍出照片来，那么闪光灯里装着什么东西，是汽油还是酒精呢？

当然，这闪光灯里肯定装的不是汽油和酒精。那么，你知道装的是什么吗？

考考你

放风筝

这儿有两个小朋友在放风筝。你能判断得出他俩谁放的风筝高吗？

科学揭秘

闪光灯里面装的是金属镁或铝。镁或铝都是金属，尤其是铝，我们最为熟悉的铝锅、铝盆，甚至铝碗，多的是，为什么会燃烧呢？其实，铝或镁只要研磨成极细的粉末，即铝粉或镁粉，是极容易燃烧的，还能释放出大量的热，可以把铁熔化。

在闪光灯里装上极细的铝粉或镁粉，使用时只要轻轻地按一下快门，在百分之几秒内就能燃烧完毕，发出耀眼的光芒来，一瞬间完成胶片感光这一使命。

答案

还是我放得高！

左边那个小孩放的风筝高。因为风筝放得越高，线就是弧线；风筝放得越低，线就绷得越直。

变色的眼镜

科学小故事

莉莉和文文是好朋友,她们相约星期天去湖边玩。

早晨出发时,她们各自戴着一副眼镜。这时的眼镜看上去就跟一副普通的近视眼镜差不多,能够透过镜片看到那一对水汪汪的眼睛。

一上午她们玩得很开心、很快乐。

快到中午的时候,她俩脸上的那副眼镜竟然都变成了一副墨镜。当然,她们并没有换眼镜,还是早晨出发时戴的那副眼镜。

这是怎么回事呢?

原来,莉莉和文文戴的是一副变色眼镜。这变色眼镜有一种特殊的功能,当四周光线太强的时候,镜片就会自动变暗;当四周光线较弱,镜片又能变成无色透明的。

那么,你知道这其中的原因吗?

考考你

真假樟脑丸

小超买了两颗樟脑丸放在衣柜里。不过,其中有一颗是假的。你知道哪一颗是真樟脑丸吗?

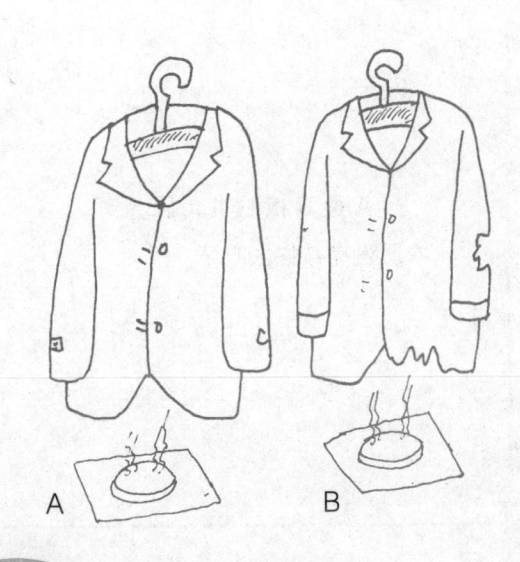

A　　B

科学揭秘

　　因为这种特殊的镜片是在熔化了的玻璃中加入氯化银和氯化铜而制成的。原理在于氯化银在阳光的照射下进行了氧化还原反应：氯离子被氧化为氯原子，而银离子则被还原为银原子。这样，银原子便会把镜片变黑，遮挡阳光。

答案

　　A是真樟脑丸，因为衣服没有被蛀虫吃坏。

能吃人的链子

科学小故事

一个县城附近的化工厂的工人，由于爱人、孩子都回老家了，只剩下他一个人，所以每天下班后他就推着自行车慢慢溜达回去。

有一天中午，下班后他像往常一样推着车子往家里走，突然他看见路边的垃圾堆里有一条链子，觉得还很不错，于是他就捡起来揣在裤兜里。

回到家后不久，他觉得腿不能动了，于是赶紧拨打了急救电话。设想最后把腿截掉才算保住了性命。

后来，他的事被传开了，人们都说他捡了一条能吃人的链子。

这是怎么回事？难道真有吃人的链子吗？

考考你

冷暖鱼缸

图中有两鱼缸，请你仔细瞧瞧，然后能否判断出哪个鱼缸是刚从太阳底下端进来的呢？

科学揭秘

　　世上不可能有吃人的链子。这位工人捡的这条链子是一条报废的铱放射源，这类垃圾一般都有毒，被称为"魔鬼"垃圾。

　　"魔鬼"垃圾，是各种危险性极大的垃圾的总称，对人类和环境的危害极大。这些垃圾一般是由一些矿山、工厂和医院等排出的垃圾。它们可使人慢性中毒或引发癌症，造成急性或慢性死亡。

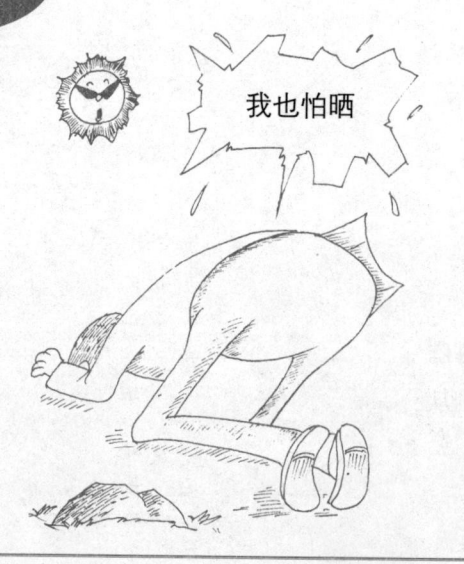

答案

我也怕晒

　　下面那个鱼缸是刚从太阳底下端进来的，因为太阳照射水面会传递热量，鱼会朝水底游去。

风俗中的科学

科学小故事

这是一个偏远的少数民族地区，这里有一个风俗，就是在每年的农历五月初五的端午节时，人们都特别垂青雄黄。

这一天，不仅是成人爱喝几杯加入几粒雄黄的酒，小孩子在中午洗个澡，也要在水中加入一些雄黄，就连那洗澡水也舍不得乱泼，要有"计划"地撒往四周，好像是什么"神水"似的。

这儿的人们偏爱雄黄并不是一种迷信做法，而是有一定的科学道理。

那么，你能知道这其中的科学道理吗？

考考你

杯中的温度

玻璃杯中盛有一块冰，如果往这个杯子里加一些食盐，那么你认为杯中的温度会是上升还是下降？

科学揭秘

端午节来临时,各种蚊子、蛀虫等活动渐渐猖獗。把雄黄喷洒在屋里,确有杀虫防腐作用。雄黄也是中药原料,具有消肿、强心等功能。雄黄要是与其他防腐剂混合在一起,喷在船底,还能避免海蛤蜊的寄生。

知识链接

雄黄是砷的化合物,化学名字叫硫化砷,主要成分是砷。它的颜色是橘红色的,所以也叫鸡冠石。

当砷在空气中加热,就会燃烧生成白色的粉末或晶体,叫三氧化二砷,也就是我们平时所说的砒霜。砒霜是一种毒药,只要0.1克就能让人中毒死亡。

答案

温度会下降,因为加入了盐会使冰更容易融化,而冰融化时会从周围吸取热量,致使温度下降。

难扑灭的火

科学小故事

小张是某化工厂仓库的一名保管员。一天下午，工人们都下班回家了。剩下小张一人，吃完饭以后，小张觉得无聊，便在仓库四处溜达起来，一来是消磨时间，二来也是看看仓库有没有其他情况。

突然他发现一号仓库中堆放的镁粉正在燃烧，并放出耀眼的白光。小张急忙拨打了119，消防队员还没有到，而隔壁就是化学药品仓库，如果不及时扑灭，势必要发生更大的火灾事故。

于是小张立即就用工厂里准备的二氧化碳灭火器去灭火，可不但没有把火扑灭，反而烧得更旺了。这可把小张吓坏了，他又赶忙用水浇，仍然无济于事。小张有点懵了，这可怎么办？幸亏消防队员这时赶到了，才避免了一场更重大的火灾发生。

奇怪，二氧化碳灭火器和水都不能扑灭的火，那么，消防队员是用什么方法把火扑灭的呢？

考考你

古怪的小屋

乐乐去找佳佳，来到一间小屋。屋内上下左右前后都镶满了玻璃镜片，而且不留一点缝隙。那么，请你判断一下，乐乐将会看到什么呢？

科学揭秘

　　消防队员用的是很普通的方法,那就是用大量的沙去灭火。二氧化碳会和镁发生化学反应,在高温下镁也可以和水反应,用黄沙可以使燃烧的镁粉与空气隔绝,达到灭火的目的。

知识链接

　　镁为碱土金属中最轻的结构金属。镁在地壳中的含量约2.5%,是第8种最丰富的元素。镁的矿物主要有镁矿、橄榄石等。海水中也含有大量的镁。镁也存在于人体和植物中,它是叶绿素的主要成分。

答案

我什么也看不见!

　　什么也看不见。房间里各个方向都镶满了玻璃镜片,又没有一点缝隙,按光学原理解释,那是进不了一点儿光线的,结果只能是什么也看不见。

发疯的村庄

科学小故事

20世纪90年代，日本有个村庄的几十名村民突然发疯，一会儿哭，一会儿笑，有的上肢震颤，有的下肢僵硬，没有几天，有人就痛苦地死去。

"集体发疯"，让这个小村子一下子陷入了深深的苦难和恐怖中。

针对这一特殊的疾病现象，日本政府组织有关人员展开了调查。

最初，他们进行了传染病学和遗传病学的调查，都没有发现病因。最后他们发现，这个村子附近有一口井，在井的不远处埋有很多废弃的干电池，病因正是由干电池引起的。

那么，干电池为什么会引起村民们发疯呢？干电池里究竟是些什么东西？

考考你

帆船比赛

佳佳说这张照片是他在海边比赛现场拍的。请你判断一下佳佳说的是真的吗？

科学揭秘

废弃的干电池中主要含有锰和锌这两种重金属，尽管电池外层裹得结实，可是随着时间的推移，外壳渐渐腐烂，锰和锌也逐渐暴露出来，在空气和雨水的作用下，生成了有毒的物质。当这种有毒物质渗进地下，流进井水之中时，人们根本察觉不出来，长期饮用被污染的水，必然中毒。

电池中还含有汞、镉、铅等金属物质。汞具有强烈的毒性，镉会造成肾损伤、骨质疏松、软骨症，铅能造成神经紊乱、肾炎等。

答案

佳佳在说谎。照片中两艘帆船的风帆方向相反，这是不可能的。这张照片是经过特殊处理了的。

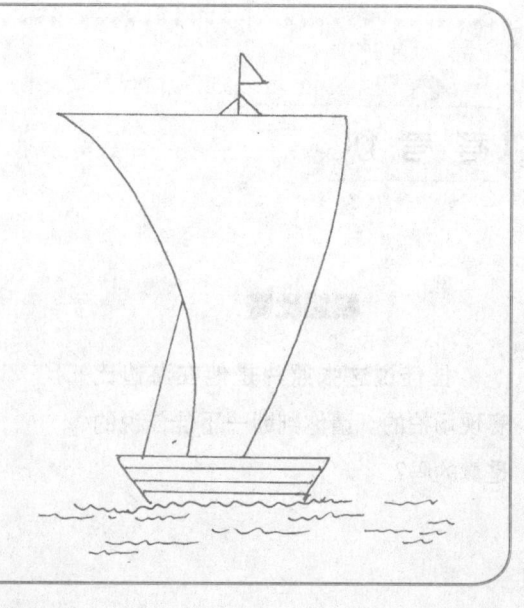

无形杀手

科学小故事

贾先生是一名中学教师，前不久买了一套房子，装修完后便搬了进去。

一个月过后的一天，贾先生的妻子看中了一套家具，便买了回来，那天晚上家具入室。可睡至早上5点钟时，贾先生夫妻俩便头昏目眩、头痛、呕吐了4次。二人感到实在有些支撑不了，便拨打了120。送至医院后，医生说可能是中毒了，便立即为夫妻俩进行输液，输至下午2时才恢复正常。

回家后，夫妻俩再也不敢住进自己的房子，想着难不成是新家具有问题？

贾先生便请了专家来家检测，检测结果发现这个放新家具的室内甲醛浓度为1.84毫克/米³，而国家标准规定甲醛最高允许浓度为0.08毫克/米³，甲醛浓度超标23倍。再检测同样装修而安放旧家具的屋子，测试结果仅为0.4毫克/米³。一套新家具差点要了他们的命。

为何甲醛会出现在家具里呢？

考考你

两个热水瓶

桌子上有两个一样大小的暖水瓶，从暖水瓶的情况看，你能判断出哪一个暖水瓶装的开水多呢？

科学揭秘

甲醛广泛用于工业生产中，是制造合成树脂、油漆、塑料和人造纤维的原料，是人造板制造所用的脲醛树脂胶、三聚氰胺树脂胶和酚醛树脂胶的重要原料。目前，世界各国生产人造板主要使用脲醛树脂胶为胶黏剂，脲醛树脂胶以甲醛和尿素为原料，在一定条件下进行加成反应和缩聚反应而成。

知识链接

甲醛也叫蚁醛。常温时，它是无色而具有强烈刺激性气味的气体，易溶于水，35%~40%的甲醛水溶液叫作福尔马林。甲醛的水溶液具有杀菌和防腐作用，是一种良好的防腐剂。在农业上常用稀甲醛溶液（0.1%~0.5%）浸种，福尔马林还用来浸制生物标本。

答案

左边那个暖水瓶装的开水多。未装满开水的暖水瓶留有空间，热气会膨胀把瓶塞冲开。

令人愉快的气体

科学小故事

有一家公司，做了一个广告："明日上午九时在世纪广场进行一场十分有趣的表演，本公司为公众准备了一些愉快的气体，可以供15名志愿者使用，同时派8名大汉维持秩序，以防止发生意外，望公众踊跃观看，在笑声中获得新奇感，得到精神上的满足。"

这则别致的广告迎合了无数猎奇者的心理，人们争先恐后买票来看这场令人捧腹大笑的表演，当场就有15名志愿者上台参与。

当他们吸入了愉快的气体后，个个都哈哈大笑，有的还做出各种稀奇古怪的动作。当时有一名青年吸了这种愉快的气体后，不仅大笑大叫，而且还身不由己地狂蹦乱跳，不顾别人的阻挡，从高台上往下跳，结果大腿骨折，而那青年却毫无痛苦的表情，仍然大笑不止。

当然，这种令人愉快的气体绝不是毒品，否则那就叫违法。那么，你知道这是一种什么气体吗？

考考你

哪段更重

佳佳有一根胡萝卜，一头粗一头细。现在佳佳用根线把它吊起来，使两边平衡。然后她在缚线的地方将胡萝卜切开，请你判断一下，两段胡萝卜哪段更重呢？

这种令人愉快的气体叫一氧化二氮，又称氧化亚氮。它是一种无色有甜味的气体，在一定条件下能支持燃烧，但在室温下稳定，有轻微麻醉作用，并能致人发笑，能溶于水、乙醇、乙醚及浓硫酸。氧化亚氮是人类最早应用于医疗的麻醉剂之一。

答案

大的一头重，小的一头轻。因为大头离支点（缚线处）近，故两边能平衡。

不可思议的魔火

科学小故事

公元673年，希腊人与阿拉伯人展开了一场生死之战。阿拉伯舰队气势汹汹地开往拜占庭的首都君士坦丁堡，扬言要一举征服希腊人。

阿拉伯舰队强悍善战，威镇海疆，一向都是旗开得胜，所向披靡；然而，这次却被希腊人的几只小木船杀得一败涂地，整个舰队在达达尼尔海峡覆灭了。

几个幸运地抓了块木板游回去的阿拉伯水手，惊魂未定地向人们讲述说："不得了，希腊人太厉害啦！希腊人'驯服了闪电'，叫闪电来烧舰队。那'魔火'不光会把船舰烧着，甚至连海水也烧起来了。"

水手的话让人不明白，这"魔火"究竟是怎么回事呢？在那时的很长一段时间里，这一直是个"军事秘密"。

过了很久很久以后，人们才终于搞明白这"魔火"只不过是一种生石灰与石油的混合物罢了。那么，生石灰和石油的混合物真的就能变成"魔火"吗？

考考你

吸牛奶

右图的小朋友嘴里含着两根吸管，一支插进牛奶瓶中，一支放在瓶外，可当他使劲吸牛奶时，却怎么都吸不到牛奶。他应该怎样做，才能吸到牛奶呢？

咦，怎么吸不到牛奶呢？

生石灰的化学成分是氧化铝,它能剧烈地与水化合成熟石灰——氢氧化钙,同时放出大量的热,泥水匠管这场反应叫作"熟化"。当把生石灰与石油的混合物撒到海面上时:第一,生石灰与水化合,大量放热,温度猛升;第二,石油易燃,而且比水轻,浮在水面。这样,一烧起来火势熊熊,乍看去,真的像水也着了火似的。

答案

牛奶我吸完了!

小朋友用手堵住牛奶瓶外的吸管,就能吸到牛奶了。因为当吸管"漏气"时,嘴里的气压和外界一致,外界的气压就不能把牛奶压进嘴里。

仙人降天火

科学小故事

古时候，一个叫张生的人，有一次去二十里外的李家镇赶集。由于古代交通工具不发达，有钱人就骑驴和骑马，而没钱的则步行。

张生一家七口，挤在一个破屋子里，穷得叮当响，所以就步行去集市，准备把自家老母鸡下的蛋换成粮食，来维持生计。

张生到集市后用鸡蛋换了些粮食就急忙往家赶，要不然天黑前就到不了家。

下半晌，太阳火辣辣的，加上口干舌燥，实在走不动了，张生就在一个烂草垛下坐着休息。还不到一刻钟，张生就突然觉得灼热难当，转身一看草垛着火了。这可把张生吓了个半死，草垛在荒郊野外，四周渺无人烟，怎么会着火呢，他寻思着肯定是触犯了哪位仙人，惹得仙人降了天火。张生一溜烟跑回家后，被吓得一病不起。

你知道这是怎么回事吗？

考考你

倒向何方

这是一个跷跷板，一头是一个皮球，另一头是一支燃烧的蜡烛，保持着平衡。请你推断一下，当蜡烛燃烧以后，跷跷板最后倒向何方？

科学揭秘

其实,这不是什么仙人降的天火,而是草垛长期不动,又加上高温,所以引起了自燃。

知识链接

可燃物质在没有明火作用的情况下发生燃烧的现象作自燃。发生自燃的最低温度叫自燃点。当可燃物和与之混合的助燃性气体配比改变时,可燃物自燃点也随之改变,混合气体比接近理论计算值时,自燃点最低;混合气中氧气浓度增加时,自燃点降低;压力愈大,自燃点愈低。

答案

跷跷板先倒向乌龟尾,球落地,跷跷板最后倒向乌龟头一方。

玻尔的奖章

科学小故事

第二次世界大战中，德国法西斯占领了丹麦，下达了逮捕著名科学家、诺贝尔奖获得者玻尔的命令。

玻尔为了躲避德国法西斯的逮捕，被迫离开自己的祖国，为了表示他一定要返回祖国的决心和防止诺贝尔金质奖章落入法西斯手中，他机智地将金质奖章溶解在一种特殊的液体中，在纳粹分子的眼皮底下巧妙地珍藏了好几年。直至战争结束，玻尔重返家园，才从溶液中还原提取出黄金，并重新铸成奖章。

那么，你知道玻尔用的是什么溶液吗？

考考你

影 子

这天太阳很大，彦彦打着遮阳伞上街。不过这图有点什么不对劲儿，你能判断出来吗？

科学揭秘

玻尔用的溶液叫王水。金的化学性质不活泼，它不受空气和水的作用，也不溶于一般的化学溶剂中，但能溶解于王水中。

王水是浓盐酸和浓硝酸的混合物。实验室用浓硝酸与浓盐酸体积比为1∶3配制王水。王水的氧化能力极强，称之为酸中之王。一些不溶于硝酸的金属都可以被王水溶解。尽管在配制王水时取用了两种浓酸，然而在其混合酸中，硝酸的浓度显然仅为原浓度的1/4（即已成为稀硝酸）。为什么王水的氧化能力却比浓硝酸要强得多呢？这是因为在王水中含有硝酸、氯分子和氯化亚硝酰等一系列强氧化剂，同时还有高浓度的氯离子。王水的氧化能力比硝酸强，金和铂等惰性金属不溶于单独的浓硝酸，而能溶解于王水，其原因主要是在王水中的氯化亚硝酰等具有比较强的氧化能力，可使金和铂等惰性金属失去电子而被氧化。

答案

不知是哪个小迷糊蛋画的！

彦彦的影子应该在彦彦右边。因为太阳是在彦彦的左上方。

烧不坏的衣服

科学小故事

相传2世纪时，我国后汉桓帝的大将军染翼超得到了一件烧不坏的"魔衣"。

有一次，他大宴宾客。宴会上，为了炫耀他的衣服，他命令侍女端来一盆烈火熊熊的木炭，随手把"魔衣"扔到了火里。

"将军，你……你怎么这样？这不是太可惜了吗？""将军，你这是开玩笑，还是玩魔术？"宾客们大为惊讶，议论纷纷。

"没什么，我这是用火来洗魔衣呢。"将军谈笑自如。

赴宴的人更加目瞪口呆：世界上哪有用火来洗衣服的呢？

一会儿，侍女从烈火中取出"魔衣"来，不但衣服上的污点没有了，而且看上去"魔衣"更新、更干净！

参加酒宴的人都被惊呆了，有的说这是宝贝，有的说这是不祥之物，有的却不以为然。

不过，烧不坏的真正原因在哪里呢？你知道吗？

考考你

冷热水龙头

这儿有两个水龙头，一个出热水，一个出冷水。你不用手去摸，能判断出哪个水龙头出热水吗？好好想一想。

科学揭秘

这件衣服烧不坏的原因是它的材料与普通衣服不同，它是用石棉做的。

石棉是一种被广泛应用在建材防火板的硅酸盐类矿物纤维，也是唯一的天然矿物纤维。它的组成成分都是耐高温的，所以该材料也是耐高温的。它具有良好的抗拉强度和良好的隔热性与防腐蚀性，不易燃烧，故被广泛应用。它能耐3 000 ℃高温。

答案

有水珠的水龙头出冷水，无水珠的水龙头出热水。因为热水龙头散热，不会凝聚水珠，而冷水龙头吸热，所以表面挂有水珠。

科学小故事

"柠檬人"的故事

1734年,在英国一艘开往格陵兰的海船上,有个船员被坏血病折磨得要死,船员们只好把他送到一个海岛上。这个船员又饥又渴,就拿地上长着的绿色植物来充饥。奇怪的是,过了几天,他的病竟完全好了。

苏格兰医生林德知道这个奇迹后,就在船上做起试验:他把患有不同程度坏血病的海员分成六组,采用不同的食物、药品或理疗的方法进行医治,最后发现食用橘子和柠檬的病人疗效最好。经过反复研究,林德医生在1754年发表了论文,肯定柠檬对于治疗坏血病的积极作用。英国船长库克看到这篇论文后,立刻采用了林德的研究成果,每次出航,总是带一些柠檬供船员食用,果然有效。

1772年,库克的船横渡太平洋,历时长达三年,由于他每天给船员定量服用柠檬汁,结果180名船员竟没有一个得坏血病的。

从此,英国规定:凡出海的水兵和海员,每天都得服用定量的柠檬汁。"柠檬人"一词,也就成了英国水手的俚语。

请您想一想,柠檬汁为什么对坏血病有这么好的疗效?

考考你

哪头重

豪豪正扛着一把禅杖在路上走,你能从他扛禅杖的姿势中,判断出禅杖的哪头更重些吗?

科学揭秘

海员和水兵之所以得坏血病，主要原因是身体极度缺少维生素C；而维生素C大量存在于新鲜的水果和蔬菜之中，柠檬中的含量尤为丰富，船员们常服用柠檬汁，坏血病自然猖獗不起来。

维生素C缺乏可以引起坏血病，牙龈出血，牙齿松动，关节肿大，全身皮肤、黏膜易出血，骨骼畸形、关节增大，心肌衰退，伤口不易愈合，对葡萄糖的忍耐性下降，会出现腿脚不灵、性格沉闷、抑郁或歇斯底里等。

答案

右边那头重一些。因为右边重了，所以必须把肩往后移，这样才能使禅杖达到平衡。

催人泪下的烟幕弹

科学小故事

你听说过烟幕弹吗？或许你在电影中见过。那家伙可厉害了，爆炸后会在空气中制造大范围的烟雾，让对手无法看清周围的情况。其实，这种烟幕弹在战场上经常使用。

第二次世界大战中，纳粹法西斯分子丧心病狂，经常使用化学武器，比如细菌、毒气、烟幕弹，等等，这些化学武器都有毒。

日本侵略我国时，有一次为了进攻一个小村庄，派了很多兵力，但却被英勇顽强的村民们挡了回去。丧尽天良的日军指挥官岂肯就此罢休，下令投放大量的烟幕弹，顷刻功夫，整个村庄笼罩在一片烟雾之中，作战的村民都壮烈牺牲，而躲在地洞里的老人、儿童也没有逃过此劫。

那么，为什么烟幕弹会产生这么多有毒的烟呢？

考考你

亮着的灯

教室里有三盏灯，只有一盏灯是亮着的。那么，请你推断一下，哪一盏灯是亮着的呢？

科学揭秘

原来，烟幕弹里装有黄磷，引爆后，磷迅速燃烧而产生的五氧化二磷与水蒸气生成偏磷（有毒）和磷酸的液滴，这些液滴又会与五氧化二磷颗粒悬浮于空中，形成"云海"。

答案

中间那盏灯亮着

中间那盏灯是亮的。从两位小朋友的影子方位可以判断出。

谁偷走了纽扣

科学小故事

1812年5月9日，在欧洲大陆上取得了一系列辉煌胜利的拿破仑离开巴黎，率领浩浩荡荡的60万大军远征俄罗斯。

法军凭借先进的战法，猛烈的炮火长驱直入，在短短的几个月内直抵莫斯科城。然而，当法国人入城之后，市中心燃起了熊熊大火，莫斯科城的3/4被烧毁，6 000多幢房屋化为灰烬。俄国沙皇亚历山大采取了坚壁清野的措施，使远离本土的法军陷入粮荒之中。

几周之后，寒冷的空气给拿破仑大军带来了致命的诅咒。更奇怪的是一夜之间拿破仑大军士兵衣服上的纽扣竟然不见了，由于衣服上没有了纽扣，数十万拿破仑大军在寒风暴雪中敞胸露怀，许多人被活活冻死。这大大影响了法军的战斗力。

饥寒交迫之下，1812年冬天，拿破仑大军被迫从莫斯科撤退，沿途近60万士兵被活活冻死，到12月初，60万拿破仑大军只剩下不到1万人。那么是谁偷走了法军大衣上的纽扣呢？

考考你

两杯水

在这两个玻璃杯里，各放进去一个鸽子蛋，那么请问你，这两个杯子里，哪一杯是盐水？哪一杯是清水？为什么？

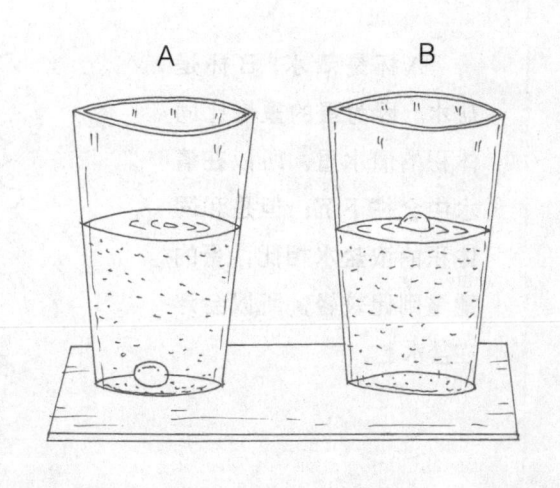

科学揭秘

　　原来，拿破仑征俄大军的制服上，采用的都是锡制纽扣，而在寒冷的气候中，锡制纽扣会发生化学变化成为粉末。

知识链接

　　锡是一种坚硬的金属，有3种同素异形体，即白锡、脆锡和灰锡。通常锡是一种银白色金属，在13.2℃以上，就会变得更坚硬和稳定，然而白锡在气温下降到13.2℃以下时，会变成另一种结晶形态的灰锡。

答案

　　A杯是清水，B杯是盐水。因为蛋的重量比同体积的清水重，所以在清水中会往下沉；但是和同体积的浓盐水相比，蛋的重量则比较轻，所以会浮在盐水上。

涌向美洲的殖民者

科学小故事

16世纪，美洲大陆刚刚被发现，大批的欧洲殖民者涌向美洲，人人都想到那儿大发横财。

然而，这些人一到美洲，就得了一种可怕的病，而且还相互传染，幸运的弄得虚弱而归，倒霉的就葬身在美洲大陆。令人不可思议的是那儿的印第安人却安然无恙。

这是为什么呢？后来人们才知道那就是疟疾。

1638年，西班牙驻秘鲁总督钦洪的妻子，得了可怕的疟疾。可当时并没有治疗疟疾的特效药，就在她生命垂危的时刻，一位秘鲁的印第安人医生，把她从死亡线上救了下来。这位医生用一种欧洲人所不知道的、奇妙的树皮，治好了总督夫人的病。

那么，你知道这种树皮是什么吗？为什么能治疗疟疾呢？

考考你

太空行走

小华说右图是他在太空行走时拍的照片，请你判断一下，这张照片是真的吗？

科学揭秘

这位医生用的一种叫金鸡纳树的树皮给总督夫人治好了病。这种奇妙的树皮,在美洲到处都有,印第安人长期以来就是用它来医治疟疾。

知识链接

金鸡纳树中含有金鸡纳碱,又称奎宁。分子中含有喹啉环。它是针状结晶,熔点177 ℃,微溶于水,易溶于乙醇、乙醚等有机溶剂。奎宁是最早使用的一种抗疟疾药物。

答案

这宇宙中哪儿来的云!

这家伙是在蒙人!

假的。因为太空中是不会有云的。

鬼剃头

科学小故事

《西游记》里，有个荒唐的国王做了个荒唐的梦，于是开始屠杀和尚，这正巧被孙悟空师徒遇到，孙悟空为了惩罚国王，半夜化作飞蛾，将国王及其爱妃、皇子、大臣的头发都剃光了。一夜之间没了头发，这是孙悟空搞的鬼。但是，曾有一个村子里的村民却也被"剃头"了，这又是谁捣的鬼呢？

在我国南方一个叫回龙村的山寨中曾发生过这样一件怪事：全寨老少村民的头发相继脱落，原因不明。有人便认为这是由于寨子里的人触犯了阎王，毁坏了寨子里的风水，于是山寨头人带领寨子里的人开始杀猪宰羊，供奉起阎王，希望阎王开恩，不计前嫌，并称这种现象为"鬼剃头"。

"鬼剃头"弄得村里寨外人心惶惶，大家都害怕在半夜里睡着时被鬼剃了头。

后来，随着科学的发展，终于揭开了"鬼剃头"的真相。

你明白这是怎么回事吗？

考考你

夜景图

这是明明画的一幅夜景图，不过请你判断一下，这幅图中是否有错？

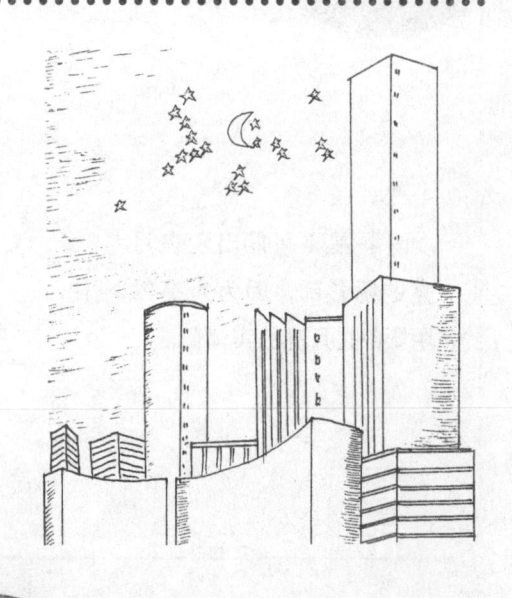

科学揭秘

原来,"鬼剃头"是铊搞的鬼。

金属铊是一种比铅略轻的金属,在自然界中没有独立的矿藏,制取铊的主要原料是煅烧某些金属硫化物矿石后产生的灰。如果人体摄入过量的铊,就会妨碍毛囊角质蛋白的形成而引起毛发脱落,严重时甚至会致人昏迷。

答案

星星不可能出现在月亮的阴影部,因为月亮的阴影部是月亮的实体部。

守财奴被骗了

科学小故事

北宋年间,山东有个张员外,家中有许多银子,但他却吝啬至极,有人送他一绰号"守财奴"。

一日,张员外府上来了个道士,自称曾拜异人为师,学得"点银成金"之术,因张员外祖上积善有德,命中注定要发大财,故特来献宝。张员外大喜,便把道士迎进府内。

只见道士从袖中取出一块银子,将其投入一只焰火正炽的炭盆中。几个时辰过去后,道士扒开灰烬,从中拿出一块黄澄澄的金子。

张员外见了大喜,将家中的银子悉数交给那道士,请他把银子炼成金子。

第二天,张员外一早就去叩道士家的门,企图拿到更多的黄金。久叩门,屋里没有响动,推门一看,房里已空空无人,那道士早已将银子全卷走了。张员外气极之下一病不起。

那么,道士究竟玩的什么把戏,能在众目睽睽之下,把一块银子变成金子呢?

考考你

漫游太空

这是明明为《漫游太空》设计的封面图,不过封面中出了一点小问题,请你判断一下,问题出在哪儿?

科学揭秘

　　原来这道士是利用汞玩的把戏。汞是常温下唯一呈液态的金属，也是金属的中文名称中唯一没有"金"字偏旁的字。汞极易与别的金属结合成合金——汞齐（"齐"是古代对合金的称号），因此被誉为"金属的溶剂"。那位道士便是利用金溶解于汞中形成的金汞齐来冒充白银，汞在炭盆中受热蒸发后，留下来的便是黄澄澄的金子了。

答案

我受不了了！

小鼠没有戴氧气罩，这是不行的，因为太空中没有氧气。

科学小故事

残忍的暴君

据说罗马皇帝涅龙，是一个残忍的暴君，他有一种嗜好，就是透过"绿宝石"观看角斗士的拼死搏斗。

这天，涅龙像平常一样，放出两个饿了三天的角斗士，让他们互相厮杀。期间，涅龙又拿起他最喜欢的特大绿宝石，透过绿宝石观看血腥的搏斗，当看到有人倒地身亡时，他竟然拍手称好。

涅龙不但是位暴君，还是个昏君。有一次，罗马城起大火，涅龙却悠闲地透过他那独特的透镜，欣赏橙黄色的火苗舔食人畜房屋的情景。

后来，许多科学家开始研究这种绿宝石，看它究竟有何神奇之处。直到1789年，法国化学家沃克兰才发现了绿宝石中的新元素。

那么，你知道这种元素叫什么名字吗？

考考你

谁是天体

请你判断，右图中哪些不是天体？

我天南星也是天体！

我大卫王星自然是天体！

我白矮星是天体！

我超新星肯定是天体！

这种元素叫铍。铍是一种很轻的金属，但却十分坚韧，其强度超过了结构钢。铍与铜和镍的合金在与石头或其他金属撞击时，不会迸出火花。人们利用这种铍合金与众不同的性质，制成了专门用于矿井、炸药工厂、石油基地等易爆区使用的锤子、凿子、刀铲等工具，为减少爆炸事故和火灾做出了贡献。

铍有"原子能工业之宝"的美称。用金属铍的粉末与镭盐的混合物制成的中心源，每分钟能产生几十万个中子。用这些中子做炮弹去轰击原子核，可使原子核分裂，从而释放出巨大的能量——原子能，同时产生新的中子。

答案

天南星和大卫王星不是天体。天体是太阳、地球、月亮加其他恒星、行星、卫星及彗星、流星、宇宙尘、星云、星团等的统称。

天南星

大卫王星

这两个是冒牌货

残害鸵鸟的凶手

科学小故事

在某动物园，鸵鸟惨遭杀害。不仅仅是被杀死，而且还被剖了腹。

这只鸵鸟是最近刚从非洲进口的，是该动物园最受欢迎的动物之一。

凶手是在深夜悄悄溜进鸵鸟的小屋将其杀死的。那么，凶手可能是什么人？凶手为什么会采取这么残忍的手法杀害鸵鸟呢？

考考你

睡　莲

这是两张睡莲的照片，请你判断一下，哪张是白天拍的，哪张是晚上拍的？

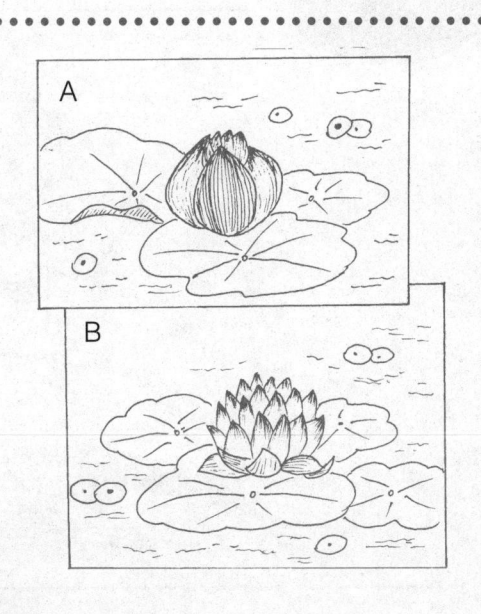

科学揭秘

　　凶手是利用鸵鸟的胃走私钻石的犯罪团伙。鸵鸟有个与众不同的特殊的胃，能吞食小圆砾石或小石子。杂食性的鸟因为没有牙齿，所以用砂囊来弄碎食物帮忙消化。这种小石子不排泄出来，永远留在胃中。因此，罪犯在从非洲出口鸵鸟时，让其吞了大量的昂贵钻石。这样一来，便可躲过海关检查人员的耳目，走私钻石了；而他们在鸵鸟入境成功后，再伺机杀掉鸵鸟，从鸵鸟胃中取出钻石。

答案

A是晚上拍的，B是白天拍的。因为睡莲白天开花，夜晚便会合拢。

椰树下的疑案

科学小故事

一对新婚医生去冲绳度蜜月。

为了欣赏火红的夕阳沉入大海时的壮观美景,夫妇俩正沿着金色的沙滩漫步之际,突然发现一个身着泳裤的青年倒在一棵大椰树下,晕了过去。

青年的旁边有一颗大椰子,椰子上还沾着血迹。

椰子树下的沙地上留着大螃蟹爬过的痕迹。

新娘子是大学海洋生物专业的毕业生,她指着地面的痕迹说:"这可能是椰蟹爬过的痕迹。"

"椰蟹?那样的话,就是这位青年在树下睡觉时,有一只椰蟹爬来,爬上树,用自己的大剪刀剪断椰柄,椰子掉下树来,正好砸到在椰树下睡觉的青年人头上。"新郎说。

那棵树上还挂着几颗椰子,又硬又重的椰子从十五六米高处落下打在人的头上的话,甚至可能把人砸死。这时新娘又说:"但是,这好像不是事故,是有人用椰子打昏了这人,再伪装了树下椰蟹的足迹,伪装成椰蟹干的事。"

你明白新娘为什么会这么说吗?

考考你

郁金香

这是小明拍的照片,请你推断一下,这两张郁金香的照片,哪一张是白天拍的,哪一张是晚上拍的?

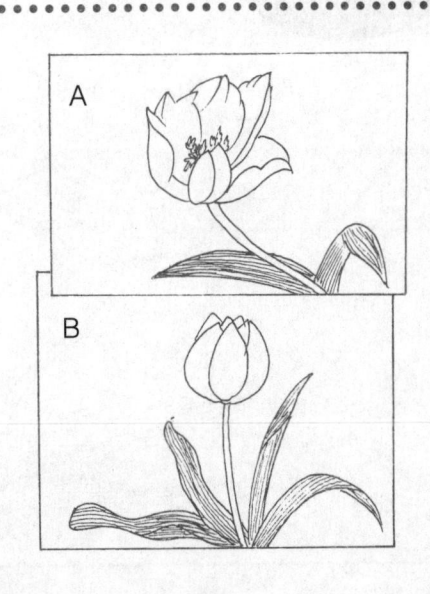

科学揭秘

椰蟹是体重1.5公斤左右的大型甲壳类陆生寄居蟹，生长在冲绳、台湾、南洋诸岛。白天钻进海岸的洞穴内，几乎不出来，只在夜里活动。因此，绝不会发生大白天被害人在树下睡觉而椰蟹爬到椰树上把椰子剪掉的事情。

即使在夜里，椰子的果蒂是坚硬的纤维物，尽管椰蟹的前爪很大（25厘米左右），也不具备剪断椰蒂的力量，充其量就只不过是爬到树上吃些嫩芽或啃吃落在地上摔裂开的椰子果肉罢了。

罪犯不但不了解椰蟹夜间出来活动的习性，而且盲目地相信了椰蟹的大剪子可以剪断椰蒂，把椰子从树上剪落下来的传说。

答案

A是白天拍的，B是晚上拍的。因为郁金香是白天开花，晚上合拢。

一条普通的牧羊犬

科学小故事

大侦探布里克森在街上溜达时遇上了同乡拉平。拉平牵着一条普通的牧羊犬。为了还赌债,拉平想将此狗高价卖给布里克森。

"老兄,我这条狗的名字叫麦克,它可非同一般啊!"拉平接着绘声绘色地往下说,"在我家的农场旁边,有一条沿着山崖修建的坡度很大的铁路。一天,有块大石头滚到铁轨上,此时远远看见一列火车飞快冲来。我想爬上山崖发警告信号,可扭伤了脚摔倒在崖下。在这紧急关头,我这宝贝狗麦克飞奔回家,拽下我晒在铁丝上的红色秋衣叼着它闪电般冲上山崖。那红色秋衣迎风飘扬,就像一面危险信号旗。火车司机见了立即刹车,这才避免了一场车翻人亡的恶性事故。怎么样,我这宝贝麦克有勇有谋,非同一般吧?"

拉平正欲漫天要价,不料话头被大侦探布里克森打断:"请另找买主吧,老弟。不过你倒很会编故事,将来一定是位大作家!"这显然是讽刺之言。

请问,大侦探为何要讽刺同乡拉平呢?

考考你

树 桩

小松外出旅游,发现有几个地方的树被砍伐破坏了,便拍了照。A、B照片中有一张是在赤道附近拍的,你知道是哪一张吗?

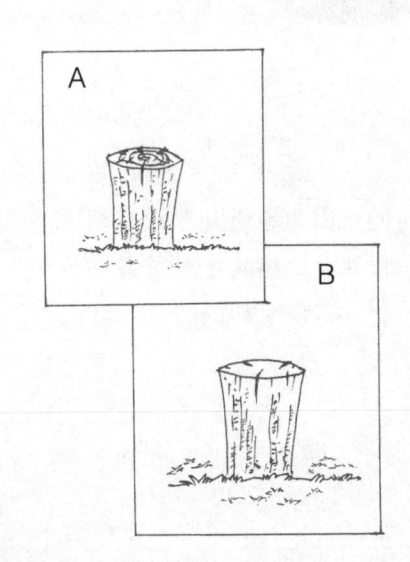

科学揭秘

因为所有的狗都是色盲，所以，牧羊犬麦克不可能知道信号旗或秋衣是红色的。

答 案

B是在赤道附近拍的。因为赤道几乎没有气候变化，植物生长总是一样，不会形成年轮。

被害的女作家

夏日的一天中午，有人发现了女作家小泉文子在自家院子里被杀害的尸体。她倒在草坪的地上，是被人用刀刺中腹部，连身旁放着的几盆花也溅上了血迹。

被害人单身一人居住，且现场又是与邻居相隔的独门独院，所以死后许久才被发现，验尸官来验尸时已经过了三天。

"未解剖尸体，还无法推定确切的死亡时间，但看起来是8月9日中午到夜里12点之间被害的。"验尸官含糊地将作案时间推定在12个小时的范围。

罗波探长观察到旁边有一盆花瓣内侧也溅有血迹的花，这是一种类似仙人掌的植物，茎端开着白兰花似的花。此时，花已经完全凋零了。罗波探长想了想，十分肯定地说："如此看来，被害时间一定是9日晚上8点到12点之间。"

你知道罗波探长是怎么推断出如此准确的作案时间？依据又是什么？

真假花

这儿有两朵花，一朵是真花，一朵是塑料花，那么，你能指出哪一朵是真花吗？

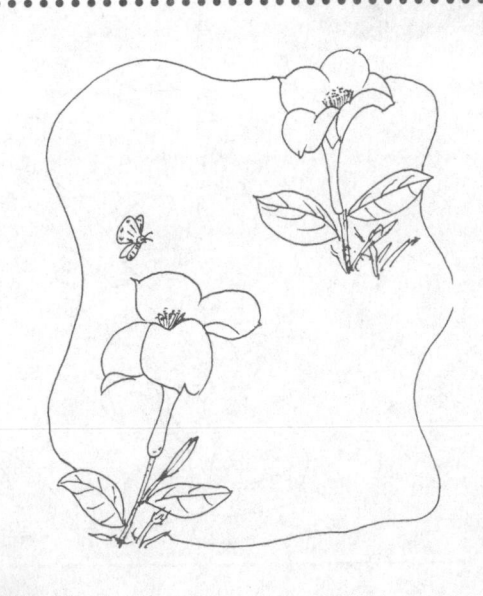

科学揭秘

罗波探长所观察的那盆花是"月下美人"。

所谓"月下美人"是仙人掌的一种，开纯白的花，直径15厘米左右，但花期只有一夜，是只在夏夜开的一种短命漂亮的花。一般是晚上8点开始开花，4个小时后开始凋谢。

罗波探长看到凋谢了的月下美人的花瓣内侧也溅有血迹，便推定出死者是在花开约4个小时内被害的。

答案

有蝴蝶在周围飞的那朵是真花。假花是没有芳香的。

会跳舞的草

科学小故事

提起跳舞草，许多同学都觉得奇怪，植物也会跳舞吗？当然会。

在我国南方，有一种草叫长舞草，是多年生草本植物，属豆科山蚂蟥属，有一尺多高，在奇数的复叶上有三枚叶片，前面的一张大，后面的两张小。这种植物对阳光特别敏感，当受到阳光照射时，后面的两枚叶片就会马上像羽毛似的飘荡起来。在强烈的阳光下尤其明显，大约30秒钟就要重复一次。因此，人们又把这种草叫"风流草"或"鸡毛草"。

长舞草还有位"姐妹"，叫圆叶舞草，它的舞姿更加敏捷动人。这种草分布在印度、东南亚和我国南方山区的坡地上。

除跳舞草之外，还有会跳舞的树。在西双版纳的原始森林里，有一种树，能随着音乐节奏摇曳摆动，翩翩起舞。当有优美动听的乐曲传来时，小树的舞蹈动作就婀娜多姿；当音乐强烈嘈杂时，小树就停止跳舞。更有趣的是，当人们在小树旁轻轻交谈时，它也会舞动；但如果有人大声吵闹，它就不动了。这种草跳舞的奥秘是什么呢？

考考你

两只白鹤

请你判断一下，这两只白鹤，哪一只是在睡觉？

科学揭秘

对此，科学家们有各种不同的解释。有人认为这是由于植物体内生长素的转移，从而引起植物细胞的生长速度有变化造成的。也有人认为是由于植物体内微弱的生物电流的强度与方向变化而引起的。除内因外，也有人从外部找原因。有人认为，因为这种草生长在热带，怕自己体内的水分蒸发掉，所以当它受到阳光照射时，两枚叶片就会不停地舞动起来，极力躲避酷热的阳光，以便继续生存下去。这是它们为了适应环境、谋求生存而锻炼出的一种特殊本领。也可能是它们自卫的一种方式，以阻止一些愚笨的动物和昆虫的接近。关于这种草跳舞的真正原因是什么，至今还没有一致的意见。

答案

右边那只在睡觉，因为白鹤睡觉时是一只脚站立的。

炮弹不入的"神木"

科学小故事

公元1696年，在当时俄国和土耳其交界的亚速海面上，爆发了一场激烈的海战。海面上炮声隆隆，杀声震天。俄国彼得大帝亲自率领的一支舰队，向实力雄厚的土耳其海军舰队发起了进攻。

当时的战舰都是木制的，交战中，不少木舱中弹起火，带着浓烟和烈火，纷纷沉下海去。由于俄国士兵骁勇善战，土耳其海军慢慢支持不住了。狡猾的土耳其海军在逃跑之前，集中了所有的火炮，向着彼得大帝的指挥舰猛轰。顿时，炮弹像雨点一样落到甲板上，有好几发炮弹直接打中了悬挂信号旗、支撑观测台的船桅杆。

土耳其人窃喜，他们满以为这一下定能把指挥船击沉，俄国人一定会惊惶失措，不战自溃的。可不料这些炮弹刚碰到船体就反弹开去，"扑通""扑通"地掉到海里，桅杆连中数弹，竟一点也没有受损！土耳其士兵吓得呆若木鸡，还没有等他们明白过来，俄国船舰就排山倒海般冲过来，土耳其海军一个个当了俘虏。

这场历史上有名的海战使俄国海军的威名传遍了整个欧洲。彼得大帝的坐船为什么不怕土耳其的炮弹？它们又是用什么材料做成的呢？

考考你

吃草的马

请你判断一下，这匹闭着眼睛的马是在吃草吗？为什么？

科学揭秘

原来,这艘战舰用的是沃罗涅日的神木做成的。神木为什么这么坚固?当时人们并不知道其中的奥秘,只知道这是一种带刺的橡树,木材的剖面呈紫黑色,看上去平平常常的,一点也没有什么出奇之处。但这种橡树木质坚硬似钢铁,不怕海水泡,也不怕烈火烧。后来人们发现,在这种树木木纤维的外面裹着一层由表皮细胞分泌的半透明胶质,这种胶质遇到空气就会变硬,好像一层硬甲。胶质中含有铜、铬、钴离子以及一些氯化物等,正是由于这些物质的存在,才使得这种刺橡木坚硬如铁,不怕子弹,不怕霉蛀。另外,刺橡木分泌的这种胶质,在高温下能生成一层防火层,并分解出一种不会燃烧的气体,它能抑制氧气的助燃作用,使火焰慢慢熄灭。

答案

这是我的习惯!

这匹马是在吃草。因为马吃草时怕刺伤眼睛,所以总是闭着眼睛吃草。

开着花的半支莲

科学小故事

夏日的一天晌午过后，在村子的河堤的草丛中发现一具年轻的女尸。身旁丢着手提包和一个汽水瓶。发现死尸的是来到这儿干活的一位村民。

警察查看了尸体后，发现尸体下压着长在河堤上开着红色和黄色的小花的半支莲，已被压坏了。

"已死亡十五六个小时了。现在是下午3点，所以大概是昨晚11点或12点左右，在这儿服毒自杀的。"警察说道。

另一名警察说："即便是自杀的，也不是在这儿死的，而是死在别处，且是今天早晨太阳出来之后，有人怕尸体惹麻烦而搬到这儿扔掉的。"

警察又没在现场，他怎么知道当时的情境，他的依据是什么呢?

考考你

三只猫

请你判断一下，这三只猫在干什么?

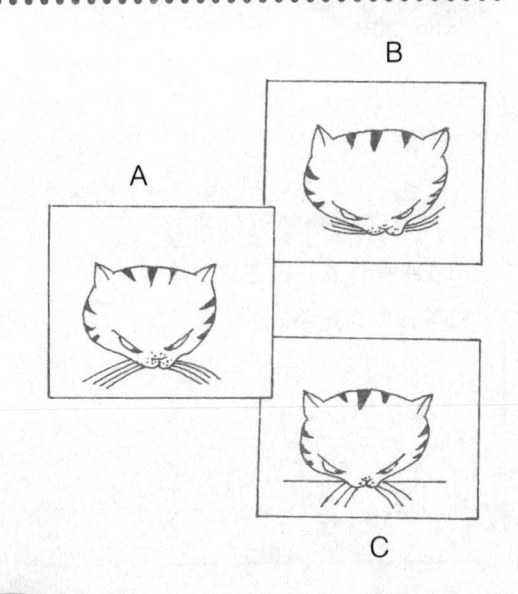

科学揭秘

半支莲开着花被压在尸体下。半支莲是白天开花，半夜凋谢。如果这个女的真是昨晚在此河堤上自杀的话，那么压在身下的半支莲的花就应是凋谢着的。

答案

从猫的胡须可以判断出：A在休息；B在摄食或打斗；C在走路。

我在捉老鼠！

一场婚姻悲剧

科学小故事

达尔文是19世纪伟大的生物学家,也是进化论的奠基人;然而,他在没有掌握生物界的奥秘以前,自己却先受到了自然规律的惩罚。

1839年1月,30岁的达尔文与表妹爱玛结婚。谁也没有料到,他们10个孩子中竟有3人夭亡,其余的7个或终身不育或患有精神疾病。这让达尔文百思不得其解,因为他与爱玛都是健康人,生理上也没有什么缺陷,精神也非常正常,为什么生下的孩子却会如此呢?

直到达尔文晚年的时候,他在研究植物的生物进化过程中发现,异花授粉的个体比自花授粉的个体结实,而且结果又多又大,此外自花授粉的个体也很容易被大自然淘汰。这时达尔文才恍然大悟:自己婚姻的悲剧在于近亲结婚。后来他把这个深刻的教训写进了自己的论文里。

教训是如此的深刻而惨痛,那么为什么近亲结婚会使后代患各种各样疾病的可能性增加呢?

考考你

谁在装睡

请你仔细观察一下,判断究竟是谁偷吃了蜜糖却在这儿装睡呢?

科学揭秘

原来，人体的生殖细胞，即男性的精子和女性的卵细胞，都有23条染色体，上面一共约有10万个"基因"。基因上面携带着生命遗传的"密码"。据估计，在这10万个基因中，总会有五六个隐藏着遗传病的基因。只要不是近亲婚姻，男女双方的致病基因就难以相遇。在近亲婚姻中，就有更多的机会使它们"对面相逢"，所以，近亲结婚就使后代患遗传病的概率增加了。

答案

有蜜蜂靠近的那只小猪在装睡，因为正是蜜糖的气味引来了蜜蜂。